Strategische inzet van ICT

Strategische inzet van ICT

Een leidraad voor business-informatiemanagement

Marc Beijen

Eric Broos

Etienne Lucas

VAKMEDIANET DEVENTER

Omslagontwerp: Otto te Wierik, Deventer
Zetwerk: Editor, Rotterdam

Eerste druk, eerste oplage 2001
Eerste druk, meerdere oplagen 2002-2013
Eerste druk, nieuwste oplage 2014

ISBN 978 90 14 07427 6

www.overmanagement.nl

Inhoud

Voorwoord

Hoewel het besef doorbreekt dat informatiesystemen niet alleen een kostenpost zijn maar ook aanzienlijke waarde kunnen toevoegen, is er bij veel organisaties nog sprake van een kloof tussen algemeen management en het omgaan met informatie- en communicatietechnologie. Er is een groot aantal boeken geschreven over de noodzaak om die kloof te dichten. De bekendste suggestie is om bedrijfsplanning en informatieplanning op één lijn te brengen. Dat is echter gemakkelijker gezegd dan gedaan.

Dit boek beschrijft hoe deze twee zo verschillende werelden als één geheel en op een praktische manier in het planningsproces betrokken kunnen worden. Het op de markt brengen van een nieuwe hypotheek moet bijvoorbeeld bekeken worden in samenhang met het ontwikkelen van vormen van elektronisch zakendoen. Het stroomlijnen van de procedures rond bouwvergunningen bij een gemeente kan niet los staan van de keuzen die moeten worden gemaakt bij de aanschaf van telecommunicatie-apparatuur. Opvallend is dat, ondanks de vele en complexe samenhangen die er zijn, gepleit wordt voor een kortdurend en iteratief planningsproces. Ook daaruit blijkt de praktische aanpak.

Dat de auteurs ervaring hebben met een dergelijk proces blijkt uit de vele praktijkvoorbeelden die worden gegeven. Hoewel de namen van de bedrijven en organisaties niet zijn genoemd en de omstandigheden dikwijls wat pregnanter geschetst zijn dan ze in werkelijkheid waren, zal de lezer toch in een aantal gevallen de betreffende organisatie herkennen.

Het boek geeft tevens een overzicht van modellen en technieken die in dit kader gebruikt kunnen worden. De auteurs waarschuwen echter bij herhaling voor een klakkeloos gebruik daarvan. Eerst en vooral bestaat het planningsproces uit communicatie tussen allerlei mensen in een organisatie.
Business-informatieplanning blijft gelukkig mensenwerk.

Prof. dr. A.A.I. Holtgrefe

• 1 •

Visies en denkwijzen

In enkele decennia is 'de computer' uitgegroeid tot een alomtegenwoordig fenomeen. Niet zozeer het 'administratievermogen' vormt de toegevoegde waarde, maar eerder de kans om met informatie- en communicatietechnologie (en goed bedrijfskundig inzicht) onze bedrijfsprocessen, producten/diensten en communicatie sterk te verbeteren. De markt, het bedrijfsleven, de overheid en de relaties tussen hen en hun omgeving zijn onomkeerbaar veranderd.

In bedrijfsleven en overheid groeit hierdoor het besef dat informatie- en communicatietechnologie (ICT) een onmisbaar instrument is geworden. De afhankelijkheid ervan wordt dagelijks groter en investeringen voor exploitatie en ontwikkeling maken een niet-onbelangrijk deel uit van de begroting. De logische gedachte is dat ICT dus ook structureel aandacht en sturing van managers vereist en juist niet alleen van automatiseringsspecialisten.

Er ligt dus een belangrijke taak voor managers en hun ondersteuners (zoals controllers, informatiemanagers, hoofden bedrijfsvoering en consultants) om ICT optimaal in te zetten ten behoeve van de organisatie. Dit wordt voor het gemak 'business-informatiemanagement' genoemd. Business-informatiemanagement houdt zich dus bezig met het organiseren en managen van ICT, zodanig dat organisatiedoelen en strategie beter kunnen worden bereikt of mogelijk gemaakt.
De vraag is dus hoe de brug geslagen kan worden tussen de busi-

ness en de inzet van ICT. Literatuur over nieuwe organisatieconcepten en de mogelijke rol van informatie- en communicatietechnologie verschijnt de laatste jaren met de regelmaat van de klok. In de praktijk blijkt echter dat organisaties nog steeds met bovenstaande nieuwe uitdagingen worstelen. Waar, wanneer en waarom kan ICT ingezet worden en hoe sluit dit aan bij de doelen die de organisatie heeft gesteld? Welke bedrijfsprocessen en producten/diensten worden daarmee verbeterd en welke relatie is er met lopende verandertrajecten? Hoe is de relatie met de bestaande informatiesystemen (de zogenaamde 'legacy-systemen')? Waar moeten (des)investeringen plaatsvinden? Welke keuzen moeten gemaakt worden uit de verschillende verbeteringsopties? Dit zijn slechts enkele van de praktijkvraagstukken die om een oplossing vragen. De traditionele benaderingen van informatiemanagement geven op deze vragen slechts gedeeltelijk antwoord. Zij zijn veelal gericht op de analyse en modellering van de informatievoorziening en automatisering en besteden te weinig aandacht aan de relatie met de 'business' van de organisatie.

De eerste antwoorden op bovengenoemde fundamentele vraagstukken beginnen te groeien. Voor de planning, ontwikkeling en exploitatie van nieuwe informatievoorzieningen voor organisaties zijn concepten en strategieën ontwikkeld die helpen om de verbinding te leggen met strategie en bedrijfsvoering.

Door deze concepten en aanpakken te gebruiken kunnen vele praktijkproblemen in de beheersing van ICT-intensieve organisatieveranderingen (en dat zijn er nogal wat) worden voorkomen:

- de afstemming tussen organisatie-eenheden bij de ontwikkeling en invoering van nieuwe processen, producten en diensten waarin ICT een belangrijke rol speelt;
- de vaak moeizame onderbouwing van (des)investeringen in ICT;
- impasses bij vervangingsinvesteringen in oudere informatiesystemen;
- het ad-hoc en opportunistisch gebruik van hoog-technologische oplossingen;

- het afstemmen van projecten over organisatiedelen heen (programmamanagement);
- de communicatiekloof tussen automatiseerders en managers.

De beoogde doelgroep voor dit hoofdstuk is eenieder die betrokken is bij de ideevorming, de ontwikkeling en de introductie van zowel informatie- en communicatietechnologie als organisatieconcepten en met name combinaties daarvan.

• 1.1 •
Business-informatieplanning: wat is dat?

Business-informatieplanning is een methode om fundamenteel en integraal de strategie en de daaruit voortkomende keuzen op het gebied van producten en diensten, bedrijfsprocessen en informatievoorziening voor een organisatie te bepalen en uit te werken. Vaak leidt dit tot een definitie van uit te voeren projecten, die aan de hand van de eerder geformuleerde strategie de voorkeur krijgen.

Businessplanning en informatieplanning zijn onlosmakelijk met elkaar verbonden. Keuzen in de business (doelstellingen en strategie) geven richting aan keuzen voor te voeren producten en diensten, de wijze waarop de bedrijfsprocessen ingericht zijn en de wijze waarop de bedrijfsprocessen ondersteund worden door informatiesystemen. Business-informatieplanning wordt uitgevoerd omdat organisaties en hun omgeving continu veranderen. Daarom dienen doelstellingen met enige regelmaat te worden aangepast en moet bepaald worden welke consequenties deze veranderende omstandigheden voor de (inrichting van de) organisatie hebben.

Business-informatieplanning wordt – de naam geeft het al aan – planmatig uitgevoerd en heeft over het algemeen een kort cyclisch karakter. Dat betekent dat een dergelijk traject geregeld wordt uitgevoerd (bijvoorbeeld eenmaal per jaar).

Voorbeeld: een logistieke organisatie

Een logistieke organisatie herbezint zich op het steeds duurder wordende onderhoud aan haar logistieke informatiesysteem. Na de initiële oplevering van het systeem, vele jaren geleden, zijn steeds nieuwe wijzigingen nodig om het systeem in de pas te laten lopen met alle ontwikkelingen. Bijvoorbeeld: betere voorraadconcepten, veranderde distributiestructuren en scherpere eisen aan leverbetrouwbaarheid. Het informatiesysteem ijlt continu na. Kern van de oplossing wordt gevormd door het besef dat de informatievoorziening meer planmatig dient te worden aangepakt. De afhankelijkheid van informatie is in deze organisatie dermate groot dat het 'organisch aangroeien' van systemen niet meer de juiste strategie blijkt te zijn. Een procedure wordt afgesproken om de informatievoorziening in de pas te laten lopen met de organisatiebrede en financiële planning- en controlcyclus. Met een horizon van een aantal jaren worden alle belangrijke bedrijfsfacetten geprojecteerd op de informatievoorziening. Vice versa wordt gekeken welke rol ICT kan spelen bij de bedrijfsontwikkeling. Een onderhoudsstop op het huidige systeem wordt aangekondigd. Een onderzoek naar samenwerking tussen diverse logistieke zusterorganisaties levert voor de informatievoorziening belangrijke inzichten op. Als oplossingsrichting zal men binnen de logistieke organisaties standaardiseren op een ERP-pakket (enterprise resource planning) waarin de basisfuncties voor logistiek zijn opgenomen. Omdat deze pakketten niet geschikt zijn voor de specifieke eisen op het gebied van personeel en financiën worden er afspraken gemaakt voor gegevensuitwisseling. Ook binnen de pakketoplossing zal het voortdurend monitoren en plannen van mogelijke wijzigingen in de informatievoorziening nodig zijn en blijven. De directie krijgt hierin een sturende rol.

Business-informatieplanning sluit aan bij de algemene managementcyclus in organisaties (figuur 1.1).

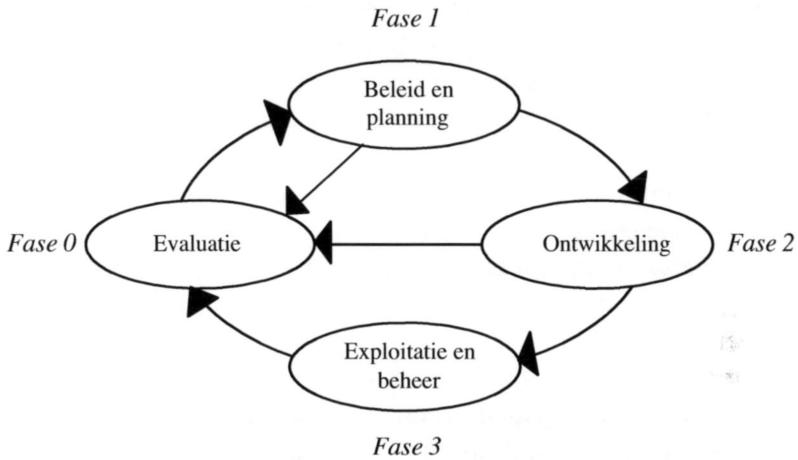

Figuur 1.1 De informatiemanagementcyclus

In *fase 0* vindt een samenhangende evaluatie plaats van de huidige status van de bedrijfsvoering en de toepassing van ICT: welke belangrijke informatiesystemen zijn onderhanden? Sluiten deze nog aan bij het strategisch kader? Hoe staat het met de planning versus uitvoering van projecten? Welke waarde en kosten vertegenwoordigt de huidige informatievoorziening? Zijn de huidige informatiesystemen voldoende flexibel om mee te groeien met de veranderingen in de business?

Dit dient vervolgens als vertrekpunt voor het (her)formuleren van beleid en het plannen van nieuwe (of gewijzigde) projecten in *fase 1:* welk beeld bestaat er van de concrete uitwerking van onze marktbenadering, de procesinrichting en tot welk model van informatievoorziening leidt dit? Welke strategische projectenportfolio brengt dit voort en welke keuzen moeten hierin gemaakt worden? Welke nieuwe mogelijkheden biedt ICT om de relatie met de klant te verbeteren?

Vervolgens wordt in *fase 2* elk van deze projecten (her)gepland en uitgevoerd; de wijzigingen in marktbenadering, bedrijfsproces, organisatiestructuur en ICT worden ontwikkeld, getest en vervolgens geïntroduceerd: hoe zien het ontwerp en de specificaties er in detail uit? Werken deze in de praktijk? Hoe ziet het draaiboek voor de introductie eruit? Welke architectuur zorgt ervoor dat processen en informatiesystemen toekomstvast worden ingericht?

Tot slot dient in *fase 3* de exploitatie en het beheer te worden uitgevoerd: hoe om te gaan met veranderingen in de omgeving? Hoe met de verwerking van wijzigingsvoorstellen? Hoe kunnen de beheers- en exploitatiekosten laag gehouden worden?

Voorwaarde voor succesvolle organisatieontwikkeling en inzet van ICT is dat alle bovenstaande fasen evenwichtig en professioneel zijn ingebed in de organisatie. Dit betekent dat de fasen niet lineair maar juist gelijktijdig, continu en in onderlinge samenhang doorlopen worden.

Business-informatieplanning richt zicht specifiek op de fasen 0 en 1 van de managementcyclus. Een business-informatieplan beschrijft achtereenvolgens:

- de gewenste inrichting van de informatievoorziening in relatie tot de business ('schetsen' van de huidige en gewenste situatie);
- het migratiepad om de gewenste situatie te bereiken in de vorm van een projectenportfolio;
- de hierbij gehanteerde keuzen en inrichtingsprincipes.

Dit alles wordt afgeleid van de business-strategie.

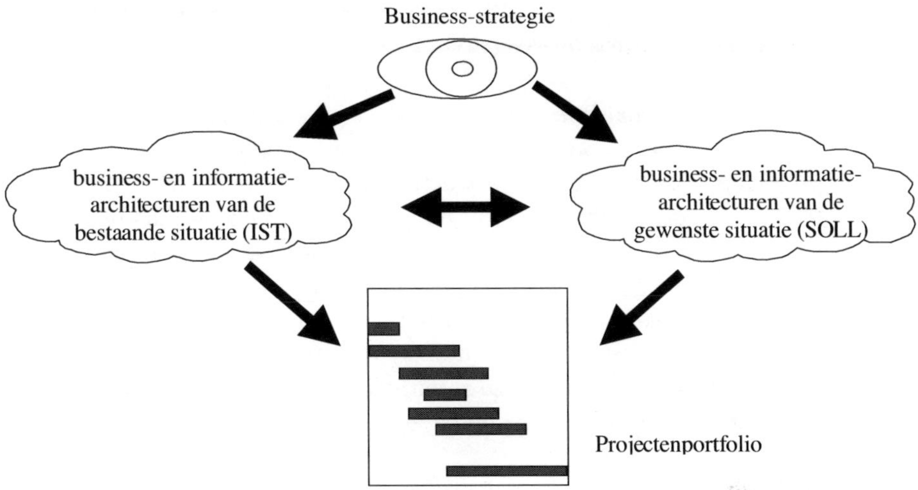

Figuur 1.2 Samenhang tussen beleid, modellen en projecten

In deze omschrijving vragen de volgende begrippen om een nadere uitwerking: business-strategie, business- en informatiearchitecturen en projectenportfolio.

Business-strategie

Voor het schetsen van de gewenste situatie en het opstellen van het migratiepad is een business-strategie nodig: een strategische visie van het management op de toekomstrichting van de organisatie en de hiermee samenhangende informatievoorziening. De business-strategie dient naast een toekomstrichting ('strategische positionering') ook concreet aan te geven *hoe* het management dat wil bereiken ('beleidsuitgangspunten'): richtlijnen, randvoorwaarden en vrijheidsgraden bij de ontwikkeling van de organisatie en haar informatievoorziening.

Voorbeeld: een hypotheekverstrekker

Een hypotheekverstrekker heeft als een van de doelstellingen het ontwikkelen en op de markt zetten van hypotheekproducten die zich wat betreft hun rentestructuur onderscheiden van concurrenten. Om dergelijke zelf ontwikkelde producten en zogenaamde 'gekoppelde' producten (producten die geleverd worden door partners binnen hetzelfde concern) onder eigen label te kunnen voeren, is een flexibele proces- en informatiearchitectuur noodzakelijk. Beleidsuitgangspunten geven derhalve vorm aan de wijze waarop en de kaders waarbinnen deze architectuur tot stand dienen te komen.

Business- en informatiearchitecturen

Bij business-informatieplanning zijn 'architecturen' (ook wel: 'schetsen', 'blauwdrukken', 'landkaarten' of 'modellen') nodig: ontwerpen met betrekking tot de inrichting van de business en hieraan gerelateerde informatievoorziening. Deze architecturen kunnen zowel de bestaande als de gewenste situatie in kaart brengen.

Voorbeeld: een uitvoeringsinstelling in de sociale zekerheid

Een uitvoeringsorganisatie in de sociale zekerheid wil de samenhang tussen bedrijfsprocessen en ICT over alle productgerichte afdelingen heen beter benutten. Door het in kaart brengen van zogenaamde 'synergiegebieden' is vastgesteld welke delen voldoende generiek zijn om gezamenlijk te worden opgepakt, zoals relatie/cliënt-gegevensbeheer, incassomaatregelen en premievaststelling. Aan de hand van een proces- en informatiearchitectuur is vervolgens een migratieprogramma opgezet. Niet alleen de informatievoorziening maar ook de werkprocessen kunnen hierdoor efficiënter en effectiever verlopen.

Een korte toelichting over architecturen en blauwdrukken is in deze 'dynamische' jaren overigens op zijn plaats. Het doel van een architectuur is niet een statische en gedetailleerde 'bouwtekening' te geven, maar heeft veeleer een 'bestemmingsplan'-functie. Een dergelijke architectuur geeft dus een visie op een mogelijk toekomstscenario, heeft een langeretermijngeldigheid en is inherent onderhevig aan verandering en discussie. Blauwdrukken, architecturen of modellen zijn met name van belang voor de ondersteuning van de communicatie met doelgroepen in de organisatie en zijn niet direct bedoeld als gedetailleerde 'maakmodellen' in technische zin, hoewel ze hiervoor zeker richtinggevend zijn.

Projectenportfolio

ICT-projecten bestaan niet. 'Automatiseringsprojecten' hebben structurele gevolgen voor het werk van mensen in de organisatie en de relatie met leveranciers en klanten. Het zou dan ook beter zijn om te spreken van 'business- en informatieprojecten'. Deze bredere visie zorgt dat de juiste vertegenwoordiging aan kennis en kunde in projecten aanwezig is. Op deze wijze wordt de mogelijkheid tot succes beter geconditioneerd dan de 'smalle' insteek met voornamelijk een automatiseringsperspectief.

Voorbeeld: het openbaarvervoerbedrijf

Een openbaarvervoerbedrijf had reeds enkele jaren, met weinig succes, een chipcard voor reizigers geprobeerd te introduceren. Het project werd vanuit technologische mogelijkheden benaderd en ingevuld. Na een evaluatie is de projectopzet fundamenteel gewijzigd. Marketeers krijgen vergaande invloed in het project. Men richt zich meer op het gebruiksnut voor de reizigers (denk aan korting op diverse diensten en een loyaliteitsprogramma voor vaste klanten) en de nieuwe organisatie die nodig is om deze klantenkaart intern te kunnen beheren en er relevante marktgegevens aan te ontlenen. Uiteindelijk is gekozen voor een laagtechnologische oplossing (een 'gewone' plastic klantenkaart zonder chip). Mede door deze bredere projectdefinitie is het project succesvol afgerond en de klantenkaart daadwerkelijk ingevoerd.

Na de introductie van deze basisbegrippen (business-strategie, architecturen en projecten) zal duidelijk zijn dat business-informatieplanning een uitbreiding vormt op meer ICT-gerichte denkwijzen. In figuur 1.3 wordt de samenhang van dit begrippenkader als het basismodel van business-informatieplanning weergegeven.

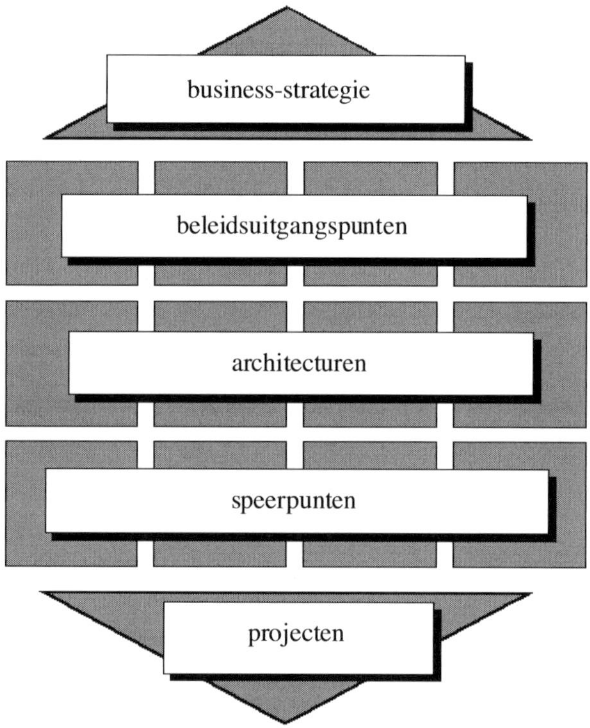

Figuur 1.3 Basismodel van business-informatieplanning

• 1.2 •
Waarover gaat business-informatieplanning?

Aansluitend op de vorige paragraaf zijn er vier aspecten te onderscheiden:
1. producten/diensten;
2. bedrijfsprocessen;
3. informatiesystemen;
4. ICT-infrastructuur.

Producten/diensten

Producten/diensten moeten worden gezien vanuit de eisen en wensen die de omgeving stelt. Het betreft het totaal aan eigenschappen van een te leveren product/dienst in relatie tot de afzetmarkt: functie, prijsstelling, distributie, kwaliteit, service, imago enzovoort (de zogenaamde 'marketingmix'). Kotler onderscheidt de zogenaamde marketing-C's (voorheen de klassieke marketing-P's):

- *convenience* (in plaats van 'place'): hier gaat het om gemak, sfeer en beleving rondom product en dienst;
- *cost to the user* (in plaats van 'price'); de werkelijke totaalkosten die de klant moet maken om een product/dienst te verkrijgen;
- *communication* (in plaats van 'promotion'): de interactie (tweewegverkeer) met de klant, op meerdere momenten, liefst in een langdurige relatie, en niet alleen op het contactmoment;
- *customer-needs and wants* (in plaats van 'product'): het denken vanuit wat de klant wil en weten wat de klant wil in plaats van het eenzijdig bepalen van een product/dienst.

Merk op dat dit evenzeer geldt voor overheids- als voor profit-organisaties. Ook zij kennen een omgeving die eisen stelt aan hun dienstverlening, waartoe moet worden nagedacht over hoe hieraan te voldoen. Omdat er sprake is van producten en diensten in relatie tot verschillende afzetmarkten, wordt ook wel van marktproposities gesproken. In paragraaf 3.3 komt het 4C-model van Kotler uitgebreider aan de orde.

Voorbeeld: de overheid

In de overheidswereld worden de producten/diensten (meer dan in het bedrijfsleven) voor een belangrijk deel allereerst bepaald door de wet- en regelgeving. Zo zullen rechtsgelijkheid en betrouwbaarheid primaire aspecten zijn die niet ingewisseld kunnen worden voor bijvoorbeeld puur en alleen een efficiency-blik. Het toenemend belang van doelmatigheid levert binnen de (semi-)overheid echter wel steeds vaker extra eisen en wensen, bovenop die welke voortkomen uit wet- en regelgeving.

Bedrijfsprocessen

Bedrijfsprocessen vormen tezamen de keten van activiteiten die nodig is om producten/diensten te ontwikkelen, voort te brengen, aan te bieden, te distribueren en te voorzien van nazorg. De proceskijk levert, uitgaande van de producten/diensten, zicht op welke partijen op welke momenten waarde toevoegen aan de totstandkoming van het eindproduct. Aansluitend is van belang de wijze waarop de samenhang van bedrijfsprocessen bestuurd en gecoördineerd wordt.

Voorbeeld: een gemeentelijke organisatie

Een gemeentelijke organisatie heeft dringend behoefte aan een integrale verbetering van de bedrijfsvoering van de afdeling belastingen. Als onderdeel hiervan worden (afdelingsoverschrijdend) de primaire productieprocessen in kaart gebracht. Gezien de probleemstelling (capaciteitsbeheersing en betrouwbaarheid) worden 'logistieke' prestatie-indicatoren opgesteld en gemeten, zoals doorlooptijden en werkvolumes. Met name de overdrachtsmomenten tussen organisatorische eenheden en de automatiseringsmogelijkheden blijken van belang te zijn bij de oplossingsrichting.

Informatiesystemen

Informatiesystemen zijn de bouwstenen die ondersteuning geven aan de interne bedrijfsprocessen, de communicatie met de omgeving en de besturing van de organisatie. Daarnaast zijn toepassingen van informatie- en communicatietechnologie te onderkennen in de producten/diensten zélf (bijvoorbeeld bij intelligente gebruiksapparatuur) of als zelfstandig verhandelbaar product (bijvoorbeeld een OV-reisplanner). Bij business-informatieplanning gaat het bij het bekijken van informatiesystemen om de 'vraagkant': de functionele specificaties waaraan het systeem moet voldoen en de wijze waarop dit samenhangt met andere (gewenste en bestaande) informatiesystemen.

ICT-infrastructuur

Hiertoe worden alle gemeenschappelijke technische voorzieningen, die nodig zijn voor het ontwikkelen, exploiteren en beheren van informatiesystemen (databases, netwerken, standaardsoftware, middleware, hardware) gerekend.

Samenhang van de vier begrippen

Producten/diensten vormen het uitgangspunt voor het handelen. Bedrijfsprocessen en informatiesystemen zijn hierop afgestemd en ingericht. De ICT-infrastructuur ondersteunt dit geheel. Theoretisch is er dus een logische volgorde te onderkennen tussen de vier facetten. In de praktijk is er altijd sprake van een sterke wisselwerking tussen de verschillende onderwerpen en zijn organisaties meestal tegelijkertijd aan alle vier de facetten met veranderingen bezig.

Als de vier genoemde aspecten worden uitgezet tegen de in figuur 1.3 geïntroduceerde niveaus ontstaat het volgende raamwerk voor business-informatieplanning (figuur 1.4).

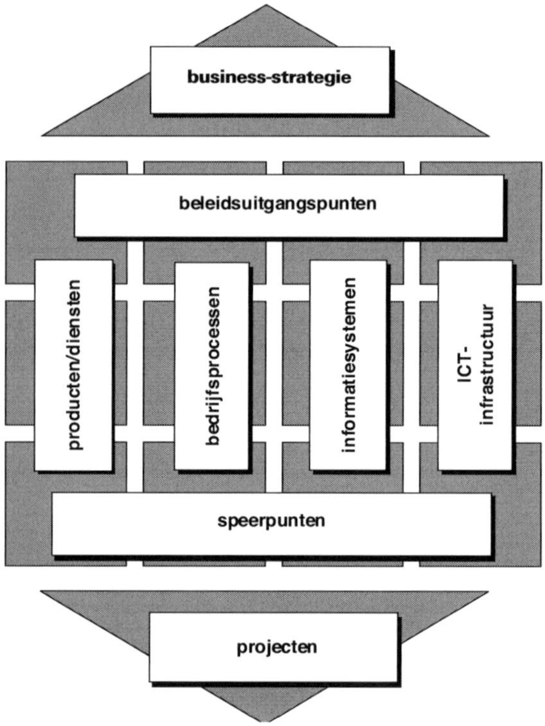

Figuur 1.4 Het raamwerk voor business-informatieplanning

De theoretische samenhang in het model loopt in twee richtingen: van boven naar beneden en van links naar rechts.

De top van het raamwerk betreft het strategische kader. Dit werkt in alle lagen van het model naar beneden door:

- Beleidsrichtlijnen moeten strategische zaken regelen die in de top zijn geformuleerd (bijvoorbeeld de richtlijn dat eenieder vrij is ICT te gebruiken voor de eigen business unit mits aangesloten wordt op de centrale klantenindex).
- De toekomstarchitecturen worden mede bepaald door focusgebieden en kerncompetenties uit het topkader (bijvoorbeeld voor een multi-channelbeleid zal de ICT-inrichting moeten worden aangepast).

- De keuze van projecten binnen de portfolio wordt bepaald door factoren uit het strategisch business-kader (indien de strategie gericht is op onderscheidend vermogen dan gaat een project voor customer-servicing voor op een project ter verbetering van het financiële systeem).

Evenzo is er een correspondentie in het model van links naar rechts:
- De marktpropositie (de marketingeigenschappen van distributiekanalen, producten en diensten) bepaalt de performance die moet worden gehaald in de markt (bijvoorbeeld een offerte dient binnen 24 uur te worden beoordeeld).
- Vervolgens zullen de bedrijfsprocessen en de organisatie-inrichting deze prestaties moeten waarmaken naar de markt (via interne klant-leverancierrelaties voor interne bedrijfsprocessen en/of externe klant-leverancierrelaties voor uitbestede processen).
- De inrichting van distributiekanalen en van (in- en externe) bedrijfsprocessen bepalen vervolgens welke ICT-ondersteuning nodig is; daar waar sprake is van een informatieproduct (bijvoorbeeld verzekeringen) kan ook de product-dienst-inrichting de informatiearchitectuur bepalen.
- Ten slotte dienen al deze eisen en wensen vanaf kanalen/product/markt, via bedrijfsprocessen en samenkomend in ondersteunende informatiesystemen te worden ondersteund door een ICT-infrastructuur.

Uiteraard is dit de theoretische samenhang van het model. In de praktijk kan het model ook 'middle-out' of 'bottom-up' worden gehanteerd. Dit speelt met name in toepassingssituaties die niet primair business-informatieplanning betreffen. De belangrijkste voorbeelden hiervan zijn:
- Architectuurwerkzaamheden: business- en informatiearchitecten kunnen het raamwerk 'middle-out' gebruiken; hierbij wordt vanuit de inrichting van business en ICT (bijvoorbeeld voor één project of één unit) gekeken of deze inrichting nog voldoet aan het strategische kader enerzijds en in hoeverre

de inrichting interfereert met lopende en nieuwe projecten; waar nodig kunnen bijstellingen worden gepleegd.

- Programmamanagementwerkzaamheden: programmamanagers en -adviseurs kunnen het raamwerk 'bottom-up' gebruiken om projecten en programma's te toetsen op bovenliggende architecturen en het strategisch business-kader.

Voorbeeld: toepassing van business-informatieplanning

Een verzekeraar worstelt reeds twee jaar met een beslissing over grootschalige nieuwe investeringen in ICT. De bestaande informatiesystemen stammen uit de jaren zeventig en tachtig en zijn technisch verouderd, duur in exploitatie en onderhoud en bovenal voldoen ze niet meer aan nieuwe eisen en wensen (het snel en adequaat ontwikkelen en servicen van nieuwe diensten). Het lijnmanagement stelt geen geld meer beschikbaar voor systeemonderhoud. Nieuwe diensten en producten volgen elkaar in steeds sneller tempo op en de organisatieonderdelen ontwikkelen lokale informatiesystemen om de problematiek te omzeilen. Een onderzoek naar de bruikbaarheid van een standaardsoftwarepakket leidt tot niets vanwege de hoge investeringen om het geschikt te maken voor de specifieke situatie. De bestaande automatiseringsplannen en technologische verbeterideeën vanuit de automatiseringsafdeling spreken het management niet aan. Men blijft enerzijds steken in knelpuntgedreven denken rond het aanpassen van de oude systemen en anderzijds worden visionaire technologieën voorgeschoteld waarmee de problematiek zou kunnen worden opgelost. Deze benaderingen helpen het management echter niet in de besluitvorming over welke activiteiten men moet ondernemen en welke investeringen en baten daar tegenover staan. De situatie dreigt te verergeren en in een impasse te geraken. In deze casus is business-informatieplanning gebruikt om overzicht en inzicht te creëren. Een projectgroep met vertegenwoordigers uit het operationele lijnmanagement (productontwikkeling en de belangrijkste 'productie'-afdelingen) en de automatiseringsafdeling is samengesteld. In een aantal maanden is een business-informatieplan opgesteld voor de toekomstige orga-

nisatie en informatievoorziening. Uitgaande van de nieuwe marketingstrategie (waarin nieuwe producten/diensten, serviceconcepten en distributiekanalen waren vastgelegd) is een model ontwikkeld van de bedrijfsprocessen 'nieuwe stijl' en de architectuur die hieruit volgt voor de informatievoorziening. Daarnaast zijn de bestaande organisatieveranderings- en automatiseringsprojecten in kaart gebracht om deze in lijn te brengen met de overige organisatieprocessen en om inzicht te krijgen in het totale capaciteitsbeslag. Dit geheel is verwerkt in een nieuwe projectenportfolio waarin capaciteiten en prioriteiten zijn toegekend door de directie, met voorafgaand advies door de projectgroep. Na het aanbrengen van een professioneel programmamanagement is gestart met de diverse onderkende verbeterprojecten. De projectgroep blijft als coördinatiegroep aanwezig om de overgang naar de nieuwe geïntegreerde inrichting van organisatie en ICT te monitoren.

• 1.3 •
Het architectuurdenken

Bij het sturen van de informatievoorziening komt het management vaak in de zogenaamde 'duivelsdriehoek' terecht, de afweging tussen drie strijdige aspecten: kwaliteit, kosten en doorlooptijd. Het benadrukken van het ene aspect betekent automatisch concessies doen op één of twee andere aspecten. Vaak sturen managers op kosten en/of doorlooptijd. Om ook de kwaliteit van de informatievoorziening te bewaken, worden zogenaamde bouw- en ontwerpmethoden gebruikt. Dit wordt ook wel ontwikkelen onder architectuur genoemd. Een flexibele en toekomstbestendige informatievoorziening kan alleen opgezet worden door een heldere visie in de vorm van architecturen. Deze architecturen dienen als rode draad bij het ontwikkelen van informatiesystemen van bedrijfsstrategie tot implementatie. Ook bij het beheer spelen architecturen een belangrijke rol.

'Van Dale' geeft van architectuur de volgende definitie:

de architectuur (vrouwelijk)

1 *de kunst en de leer van het ontwerpen en uitvoeren van bouwwerken*
voorbeeld
+ voorzetsel
onder architectuur gebouwd
naar de plannen van een architect

2 *bouwstijl*
voorbeeld
+ bijvoeglijk naamwoord
Griekse architectuur
moderne architectuur

3 *geheel van regels, protocollen en voorschriften waaraan programma's moeten voldoen om door de computer te kunnen worden begrepen*

Architectuur betreft de wijze waarop een idee of visie van een samenhangend geheel herkenbaar is geconcretiseerd. Er bestaan vier definiërende kenmerken van een architectuur:
- *een architectuur beschrijft een structuur;*
- *architecturen dienen als middel om kwaliteit (toekomstvastheid) te sturen;*
- *architecturen geven uitdrukking aan een visie;*
- *architecturen zijn een scharnierfunctie tussen wensen en doen.*

De essentie van architectuur is het vanuit een bepaalde visie definiëren en hanteren van een verzameling generieke ontwerpuitgangspunten en -beslissingen, ondersteund door formele afspraken (conventies, protocollen, standaards).

De realiteit is echter dat de automatisering niet of slechts ten dele als geheel (in één samenhangende architectuur) ontworpen is; er is meer sprake van een organische groei. Uitgangspunten voor de systeembouw waren in het verleden steeds de omstandigheden in een beperkt gebied van de organisatie (een afdeling, een productgroep) op een bepaald moment in de tijd. De gevolgen van het ontbreken van een overkoepelende architectuur uiten zich in onacceptabele kosten voor beheer en onderhoud en te lange ontwikkeltrajecten bij introducties van nieuwe producten/diensten of wijzigingen in processen en organisatie.

Voordelen van het ontwikkelen van architecturen zijn de volgende:

- De samenhang tussen de business en de informatievoorziening wordt gewaarborgd. De business (beleid en strategie, producten/diensten, processen en organisatie) wordt gerelateerd aan een passende informatievoorziening.
- Het overzichtelijk maken van de samenhang in de (complexe) informatievoorziening. Dit betekent tevens dat de informatievoorziening flexibeler (dynamischer) gemaakt wordt. Immers, doordat de complexe informatievoorziening inzichtelijk gemaakt wordt, resulteert dit tevens in een betere aanpasbaarheid. De slagvaardigheid en flexibiliteit om veranderende processen en producten/diensten snel te ondersteunen met een adequate informatievoorziening neemt hiermee toe.
- Een standaardisatie van de informatievoorziening. Er worden kaders (en daarmee beperkingen) gesteld voor het ontwerp van de informatievoorziening (bijvoorbeeld ten aanzien van infrastructuren). Hiermee wordt de mogelijkheid van wildgroei beperkt en een betere samenhang in de informatievoorziening bewerkstelligd.
- Doordat architecturen samenhang en overzicht vertonen en de complexiteit reduceren ontstaan goede communicatie-instrumenten (in de richting van zowel het management, de gebruikerswereld als de systeemontwikkelaars).
- Een toekomstvaste informatievoorziening. Er worden zoveel mogelijk generieke en herbruikbare (dus: infrastructurele) componenten gerealiseerd.
- Architecturen dragen bij aan een betere afbakening van systemen en/of systeemonderdelen.

Architecturen zijn in de systeemlevenscyclus richtinggevend voor het ontwikkelen en beheren. De bovengenoemde voordelen resulteren heel concreet in lagere ontwikkel- en beheerskosten op de langere termijn.

• 1.4 •
De focus van business-informatieplanning

Het in de praktijk toepassen van business-informatieplanning voor een specifieke organisatie is geen doel op zich. Voorafgaand aan de beslissing of al dan niet een plan zal worden ontwikkeld, moet duidelijk zijn welke zaken in de organisatie ermee worden aangepakt. Helder moet zijn of het een daadwerkelijke bijdrage levert aan de oplossing van problemen of de invulling van kansen voor de organisatie.
In deze paragraaf worden de verschillende aandachtsgebieden van ICT-inzet binnen organisaties behandeld.

In iedere organisatie zijn de volgende drie 'elementaire bedrijfsfuncties' te onderkennen:

- *ontwikkeling*: producten en diensten dienen te worden ontwikkeld en gepositioneerd in relatie tot de diverse omgevingspartijen en markten (bijvoorbeeld het ontwikkelen van een nieuwe beleggingshypotheek);
- *de 'voorkant' van de organisatie*: bedrijfsprocessen dienen optimaal op de omgeving te worden gericht (bijvoorbeeld het realiseren van een servicedesk voor het integraal behandelen van klantreacties). Vaak wordt dit de front-office van de organisatie genoemd;
- *de 'achterkant' van de organisatie*: de processen dienen te worden geconcentreerd op de voort te brengen producten en diensten (bijvoorbeeld het ontwikkelen van een nieuw gestroomlijnd incassoproces met minimaal efficiencyverlies). Vaak wordt dit de back-office genoemd.

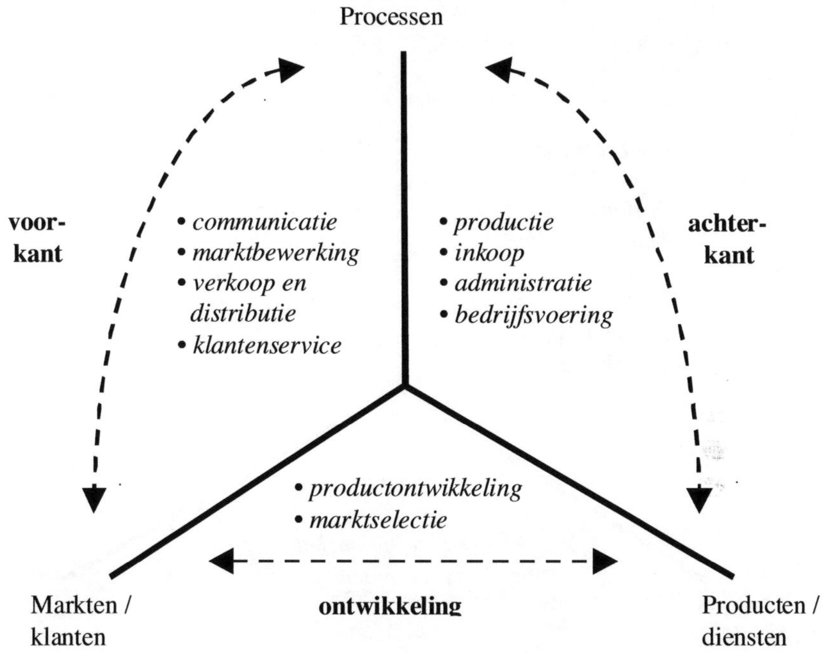

Figuur 1.5 Elementaire bedrijfsfuncties

In elk van de genoemde drie bedrijfsfuncties zal de organisatiefocus anders gericht zijn (figuur 1.6).

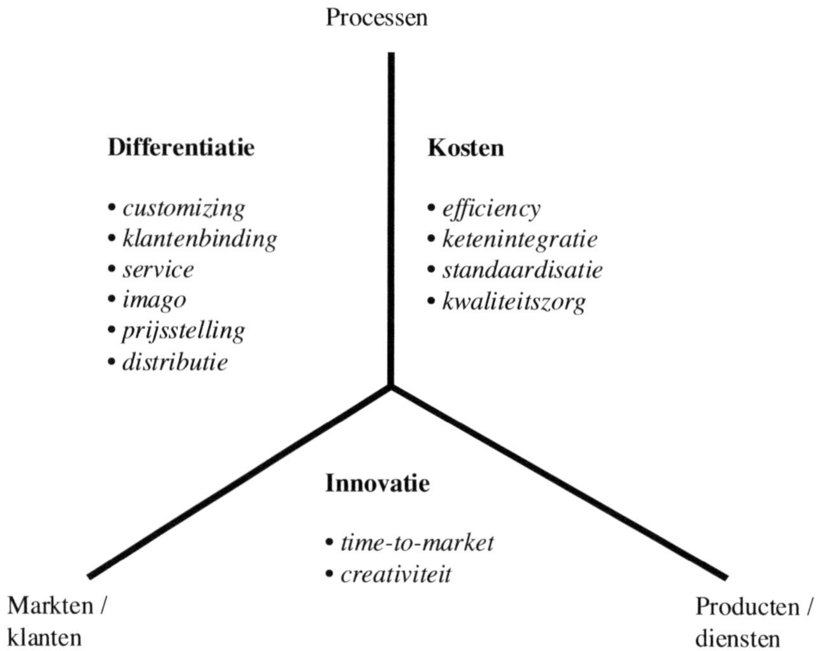

Figuur 1.6 Organisatiefocus

- *Innovatiefocus:* dit segment richt zich op het ontwikkelen en leveren van nieuwe producten en diensten en een toenemend belang van een korte 'time-to-market' (bijvoorbeeld een verzekeringsorganisatie ontwikkelt zo'n 20 nieuwe producten per jaar; een farmaceutisch bedrijf investeert veel in research & development om nieuwe medicijnen op de markt te brengen).
- *Differentiatiefocus:* dit segment richt zich op onderscheidend vermogen, meerwaarde en exclusiviteit in de dienstverlening. Service en nazorg zijn van vitaal belang. Om omschreven differentiatie te kunnen leveren moet voldoende flexibiliteit in de organisatie aanwezig zijn om snel in te spelen op specifieke doelgroepen (bijvoorbeeld een retailorganisatie die haar producten aanbiedt via verschillende distributiekanalen: winkel, internet, call center).

- *Kostenfocus:* dit segment richt zich op het produceren van producten/diensten met de hoogst mogelijke efficiency van middelenverbruik (personeel, kapitaal, grondstoffen, informatie, faciliteiten). Standaardisatie, financial control, kwaliteitszorg en ketenintegratie vormen hier gevleugelde begrippen (dit betreft vrijwel alle organisaties in de procesindustrie, zoals de staal- en tabaksindustrie, maar ook vele informatieverwerkende en -producerende organisaties zoals belastingdienst en uitkeringsinstanties).

De toepassing van ICT zal nauw moeten aansluiten bij de aandachtsgebieden uit de drie segmenten. De inzet van ICT in elk van de genoemde drie segmenten komt als volgt tot uiting:

- *Innovatiefocus en ICT-inzet*

In het segment 'ontwikkeling' dient ICT bij te dragen aan de snelle totstandkoming van producten/diensten en de ondersteuning van creativiteit in de organisatie. Allereerst kan ICT bijdragen aan het productontwikkelingsproces. Voorbeeld hiervan is een generieke product-engine voor een verzekeringsbedrijf met behulp waarvan men snel nieuwe producten kan ontwikkelen en administreren. Ten tweede zijn ICT-toepassingen mogelijk in en om het product zelf. Zo kan ICT de dienstverlening verrijken door toevoeging van bepaalde functies. In dit geval wordt ook wel gesproken van het ontwikkelen van product-markttechnologiecombinaties in plaats van de 'klassieke' PMC's (denk aan de chipcard binnen de zorgsector). Ook zijn toepassingen mogelijk door ICT in te zetten als zelfstandig product (bijvoorbeeld een on-line digitale reisplanner in de auto).

- *Differentiatiefocus en ICT-inzet*

In het segment 'voorkant' dient ICT een bijdrage te leveren aan klantenbinding, imago, serviceverlening en onderscheidend vermogen van product en organisatie. Voorbeelden in de serviceverlening zijn digitale loketten die altijd open zijn of customer-caresystemen waarmee klachten zorgvuldig en eenduidig kunnen worden afgehandeld. Met name de generatie CRM-systemen (Customer Relationship Management) richt zich op het managen van een 'lifetime' relatie tussen leverancier en afnemer.

- *Kostenfocus en ICT-inzet*

In het segment 'achterkant' waar met name kostengedreven wordt gedacht leveren die ICT-vormen een bijdrage die een sterke relatie hebben met efficiency, standaardisatie en ketenintegratie (het beter afstemmen van organisaties en organisatiedelen op elkaar). Voorbeelden zijn onder andere: logistieke en ERP-software (enterprise resource planning) om binnen een organisatie een eenduidige en integrale bedrijfsvoering te bereiken en 'workflow'-software om administratieve processen efficiënt en betrouwbaar af te handelen. Ook de ICT-vormen die de financieel-administratieve planning en control ondersteunen behoren tot deze categorie.

Op deze wijze ontstaat het volgende algemene beeld van ICT-toepassing gekoppeld aan organisatiefocus.

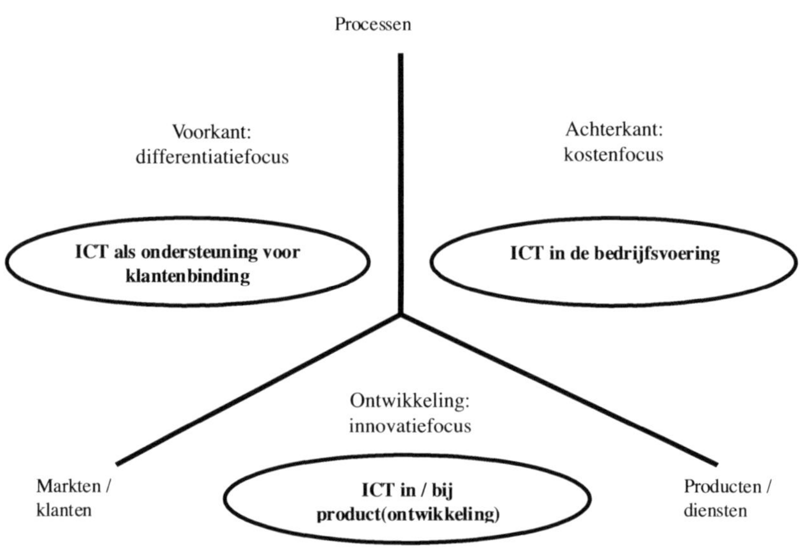

Figuur 1.7 Toepassing van ICT

De gegeven typologie kan op diverse niveaus in de organisatie worden toegepast. Zelfs binnen allianties van organisaties kunnen alle drives van toepassing zijn: 'kosten' door schaalvoordelen bij productie en inkoop; 'differentiatie' door samen nieuwe productcombinaties aan te bieden; 'innovatie' door gezamenlijk R&D-inspanningen te verrichten.

Het is van groot belang dat de organisatie kiest op welk aandachtsgebied zij wil focussen; kiezen voor alle drie de focusgebieden tegelijkertijd zal niet lukken. Een organisatie kan niet excelleren in minimale kosten, maximale differentiatie en innovatie. Het management zal zich moeten afvragen hoe zij de aandacht verdeelt tussen de verschillende segmenten.

• 1.5 •
Kiezen voor resultaat en aanpak

De ontwikkeling van een business-informatieplan is een creatief proces. Dit impliceert dat er geen eenduidige, altijd geldende marsroute te beschrijven is om te komen tot een concreet uitgewerkt model van de gewenste situatie en een daaraan te ontlenen projectenportfolio.

Centraal staat de zogenaamde *contingency-benadering:* zowel inhoud (wat moet het opleveren?) als werkwijze (hoe komt het tot stand?) worden bepaald door de karakteristiek van de specifieke situatie. Het is dus een kwestie van kiezen. Belangrijk daarbij is dat deze keuzen expliciet naar voren worden gebracht en door alle betrokkenen worden gedragen.
De belangrijkste keuzethema's zijn:

- de *tijdshorizon*: heeft het plan betrekking op de korte termijn (1 à 2 jaar) of wordt een visie op de langere termijn gevraagd (3 tot 5 jaar)?;
- het *detailniveau*: beperkt de uitwerking zich tot hoofdlijnen of wordt een gedetailleerde uitwerking nagestreefd?;

- de *aanpak:* wordt het plan top-down en primair vanuit een visie van het management ontwikkeld of bottom-up en primair vanuit veranderingsideeën uit de organisatie?;
- de *ambitie:* vormen de bestaande situatie en lopende projecten het uitgangspunt (evolutionair/'ist'-benadering), of wordt vooral gezocht naar vernieuwing (revolutionair/'soll'-benadering)?;
- de *scope*: wordt het plan ontwikkeld voor een keten van organisaties, de eigen organisatie of delen hiervan en wordt een afbakening op processen, producten/diensten en/of delen van de informatiehuishouding voorgestaan?

Welke keuzen worden gemaakt hangt sterk af van de situatie waarin de organisatie zich bevindt. Belangrijke keuzebepalende factoren zijn:
- de urgentie waarmee knelpunten in de organisatie om een oplossing vragen;
- het relatieve belang van informatie in de organisatie (wordt informatie gezien als ondersteunend hulpmiddel of is het van strategisch belang?);
- de relatieve stabiliteit van omgeving en organisatie: ontwikkelingen intern (lopende reorganisaties, veranderprojecten, fusies) en extern (concurrentieverhoudingen, verschuivingen in Europese wetgeving);
- de omvang en complexiteit van de organisatie;
- de cultuur en hiermee samenhangende veranderingsbereidheid en -capaciteit;
- het ambitieniveau van het management (wenst men een strategisch innovatieve aanpak of een betere beheersing en knelpuntoplossing?);
- de kwaliteit en actualiteit van het bestaande strategische kader.

De complexiteit van de situatie, welke tot uiting komt in een sterke verwevenheid tussen de bovengenoemde situatiekenmerken, maakt het kiezen van de inhoud en werkwijze tot meer dan een

eenvoudige optelsom. Echter, door vooraf expliciet keuzen te maken wordt duidelijkheid verkregen over de verwachtingen van het management.
Om enig houvast te geven in het hanteren van situatiekenmerken en keuzethema's wordt kort ingegaan op de onderlinge relatie. Voorzover hierbij keuzen worden gerelateerd aan situatiekenmerken hebben deze een illustratief doel; aan de voorbeelden kan dus geen algemene geldigheid worden ontleend.

Tijdshorizon

Het ontwikkelen van een kortetermijninvulling stelt andere eisen aan de business-informatieplanning dan het formuleren van een langetermijnvisie. De keuze van de planningshorizon hangt onder meer sterk af van de cultuur van de organisatie (is men bereid de dagelijkse praktijk los te laten?), de urgentie van bestaande knelpunten en de relatieve stabiliteit van de organisatie en omgeving.

Detailniveau

Een vraag die gedurende de business-informatieplanning veelvuldig opkomt is 'hoe ver te gaan in de interviews, analyses en modeluitwerkingen?' Met name zijn hierbij de omvang en complexiteit van de organisatie en de motieven van belang. Zo zal een op innovatie gericht traject zich kunnen beperken tot het globaal afbakenen van nieuwe mogelijkheden, terwijl een op beheersing en structurering gericht traject eerder zal vragen om gedetailleerd inzicht.

Aanpak (top-down versus bottom-up)

De bottom-upbenadering neemt concrete veranderingsideeën uit de organisatie als uitgangspunt, werkt hiervoor oplossingen uit en brengt deze onder in een samenhangend model van de gewenste situatie. Dit wordt vervolgens getoetst aan de business-strategie. De top-downbenadering neemt de business-strategie als vertrekpunt, ontleent hieraan de ontwerpuitgangspunten voor de gewenste situatie en komt door confrontatie met de bestaande situatie tot een actieprogramma. De keuze tussen beide benaderingen wordt onder meer bepaald door de beschikbaarheid, actualiteit en hanteerbaarheid van de business-strategie en door de mate van decentralisatie van de organisatie. Soms zal de beste keuze in het midden liggen (middle-out) en worden beide benaderingen gelijktijdig toegepast.

Ambitie ('ist'/evolutionair versus 'soll'/revolutionair)
De ist-benadering is gericht op het definiëren van verbeteringsmogelijkheden vanuit het bestaande, de soll-benadering is vooral georiënteerd op vernieuwing. De keuze wordt primair bepaald door de verwachte discrepantie/overlap tussen de huidige en de gewenste situatie, en hangt derhalve nauw samen met de kwaliteit van de bestaande situatie (kennis/ervaring met en succes van verandertrajecten) en het ambitieniveau van het management (wat wil men bereiken). Ook de beschikbare verandercapaciteit (hoeveel tijd gaan betrokkenen vrijmaken) speelt een rol.

Scope (wat wordt wel en wat wordt niet meegenomen?)
Afbakening kan plaatsvinden op organisatorische scheidslijnen en op producten/diensten, processen en/of delen van de informatiehuishouding. De scope-keuzen worden met name bepaald door de beschikbaarheid van criteria voor vroegtijdige selectie, bijvoorbeeld door duidelijke prioriteiten vanuit de business-strategie, concrete goed te isoleren praktijkproblemen of een duidelijk beeld van veelbelovende thema's. Daarnaast spelen uiteraard ook kenmerken als omvang, complexiteit van het organisatiegebied en de kwaliteit van de bestaande situatie een rol.

Voorbeeld: een incasso-organisatie

Een incasso-organisatie groeit dermate snel qua producten/dienstenpakket dat 'de automatisering' het maar nauwelijks kan volgen. Ook de geautomatiseerde uitwisseling van gegevens met de buitenwereld neemt een hoge vlucht. De bedrijfsprocessen zijn relatief stabiel maar krijgen wel een groeiend volume te verwerken. Een stuwmeer aan aanvragen op ICT-gebied ontstaat en de uitvoering ervan loopt langzamerhand vast. Door de snelle bedrijfsgroei is een 'doeners en actie'-cultuur ontstaan. Een belangrijk onderdeel van de bedrijfsstrategie is om meer cliënt- in plaats van productgericht te gaan werken. Er wordt gekozen voor een langeretermijnhorizon en een 'soll'-insteek in het business-informatieplan. De reden is dat juist het ontsnappen aan de dagelijkse problemen en het strategisch vooruitblikken kunnen helpen om de nieuwe werkwijze breed te overdenken en om toekomstige problemen te voorkomen. De nieuwe werkwijze zal immers een grote invloed gaan uitoefenen op de bedrijfsprocessen en informatievoorziening. Omdat alle bedrijfsprocessen en zelfs de organisatie-inrichting zouden kunnen wijzigen wordt gekozen voor een integrale aanpak en een uitwerking op hoofdlijnen. De aanpak kenmerkt zich door intensieve betrokkenheid van directie en middle-management en is top-down gericht. De voornaamste reden hiervoor is dat men veel synergie wil bereiken door productoverschrijdend te denken en te werken.

• 1.6 •
Rol van de adviseur

In het algemeen mag van de adviseur die het totstandkomen van het business-informatieplan begeleidt, worden verwacht dat hij of zij een goede gang van zaken bevordert. De adviseur brengt daarvoor kennis en ervaring in met betrekking tot de toepassing van bedrijfskundige en informatiekundige methoden en technieken en beschikt over veranderkundige kennis en ervaring. De advisering berust op drie belangrijke pijlers:

1. de adviseur streeft in de relatie met de opdrachtgever naar gelijkwaardigheid en onafhankelijkheid;
2. er wordt een evenwicht gezocht tussen de ontwerpbenadering (oplossingsgericht) en de procesbenadering (veranderingsgericht): de adviseur als 'architect' en 'tuinman';
3. de adviseur zoekt aansluiting bij het kennis- en ervaringsniveau van de organisatie.

De relatie tussen adviseur en opdrachtgever

De adviseur, als procesbehartiger, vult een van de vijf posities die voor een business-informatieplan van belang zijn. De andere posities betreffen:

- het management;
- de medewerkers (informatiegebruikers);
- de te betrekken specialisten uit diverse functie- en vakgebieden (staf);
- de ICT-specialisten (intern en extern).

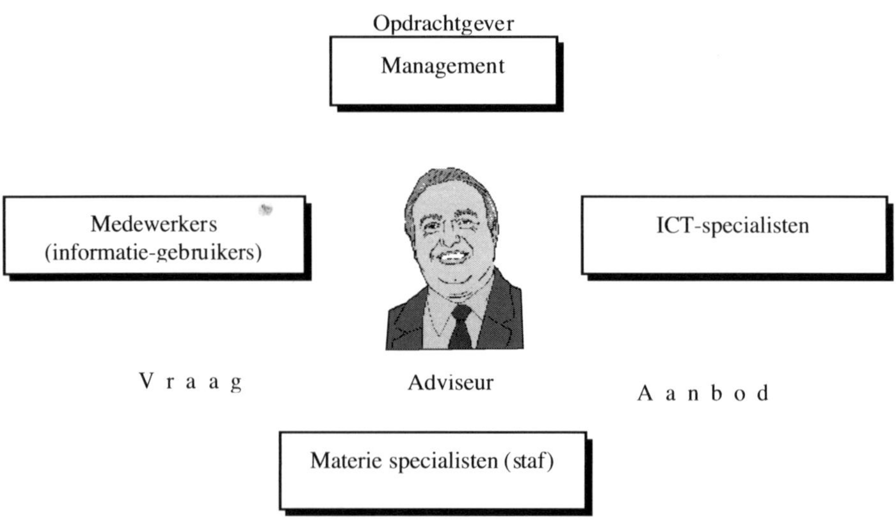

Figuur 1.8 Spelers bij business-informatieplanning

- Het management is de probleemhebber en verleent derhalve de opdracht, is eindverantwoordelijk en neemt de besluiten. Gezien het belang van business-informatieplanning is het management ook inhoudelijk betrokken. Bij aanvang van het business-informatieplanningstraject zal het zich buigen over het vaststellen van de scope van het traject, de randvoorwaarden voor het traject (wat mag veranderen en wat zeker niet?), het medebepalen van de ontwikkelwijze, het ambitieniveau en de planhorizon. De managers zullen tijdens het traject meedenken over en besluiten nemen ten aanzien van de business-strategie, de beleidsuitgangspunten, het toetsen van de architecturen (op de aspecten: producten/diensten, processen en ICT) en ten slotte de keuzen voor invulling en prioriteit van vervolgprojecten.

- De medewerkers in de organisatie (de informatiegebruikers) zijn degenen die de voorgestelde veranderingen direct voelen in hun werksituatie. Zij kunnen mede aangeven wat haalbaar is in de organisatie en brengen kennis van de organisatie in. De medewerkers vertegenwoordigen zo de 'vraagzijde' van verbeteringen die in het business-informatieplan naar voren komen.

- De specialisten (interne adviseurs/stafleden/professionals) brengen kennis in vanuit de betrokken functionele vakdisciplines (situatieafhankelijk te bepalen). Zij kennen de mogelijkheden en onmogelijkheden van wijzigingen in de betrokken gebieden: producten/diensten, processen en ICT. Zij zullen de technische maakbaarheid en invoeringsbeperkingen kunnen aangeven. De specialisten vertegenwoordigen evenals de gebruikers de 'vraagzijde' van verbeteringen die in het business-informatieplan naar voren komen.

- Binnen de ICT spelen meestal de automatiseringsafdeling en/of externe ICT-aanbieders nog een specifieke rol. Zij brengen kennis en documentatie in van bestaande ICT, van technische mogelijkheden en onmogelijkheden en van de kostenaspecten van ICT. Deze medewerkers vertegenwoordigen de 'aanbodzijde' binnen het business-informatieplan.

In de positiebepaling van de adviseur tussen opdrachtgever, medewerkers en specialisten is met name de relatie tussen adviseur en opdrachtgever belangrijk. In het voortraject zal duidelijkheid moeten worden verschaft over de wederzijdse rolverwachtingen. De rol van de adviseur kan zich tussen twee extremen bewegen: enerzijds het 'arts-patiëntmodel', anderzijds het 'handlangermodel'.

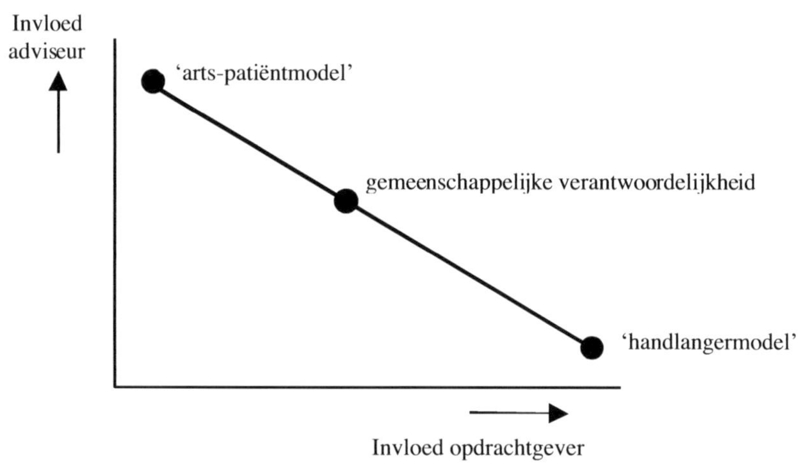

Figuur 1.9 Positie van adviseur en opdrachtgever

In het arts-patiëntmodel wordt de verantwoordelijkheid voor het adviestraject bij de adviseur gelegd; hij/zij initieert, neemt besluiten over de werkwijze, geeft richting aan en doet het leeuwendeel van het werk. Het gevaar is groot dat daarmee de adviseur ook het probleem overneemt van de opdrachtgever. Een ander risico van dit model is dat de uiteindelijke acceptatie van het advies, hoe inhoudelijk goed ook, laag is.

In de rol van handlanger geeft de opdrachtgever de toon aan, zowel ten aanzien van de inhoud als de werkwijze. De adviseur wordt als het ware voor zijn/haar karretje gespannen en is passief uitvoerend. Het gevaar van het handlangermodel is dat de deskundigheid van de adviseur onvoldoende uit de verf komt. Dit gaat ten koste van de kwaliteit van het plan. Bovendien komt de onafhankelijkheid van de adviseur in het geding en daarmee het belang van andere betrokkenen.

De relatie tussen adviseur en opdrachtgever zal dan ook gebaseerd dienen te zijn op een gemeenschappelijke verantwoordelijkheid voor het adviestraject en het resultaat. Er zal sprake zijn van gelijkwaardigheid. De adviseur zal deze verwerven door zijn inhoudelijke inbreng bij de oplossing van het probleem van de opdrachtgever. De effectiviteit van het business-informatieplan, als resultante van kwaliteit en acceptatie, is dan het grootst.

Ontwerpen en organisatieverandering

Een tweede onderwerp dat ten aanzien van de adviesrol van belang is betreft het spanningsveld tussen het ontwerpen van de gewenste situatie en het daadwerkelijk transformeren van de organisatie (in casu de mensen in de organisatie). Adviestrajecten kunnen op twee wijzen worden benaderd: de ontwerpbenadering en de procesbenadering.

De ontwerpbenadering (oplossingsgericht) gaat uit van een maakbare toekomst, vakmanschap, hecht veel betekenis aan de exacte modellen en ontwerpen (*engineering)* in het plan en de voorspellende waarde ervan. Het streven is gericht op volledigheid, maakbaarheid en het opleveren van detailblauwdrukken. De methoden en technieken die daarbij worden ingezet hebben een instrumenteel, technisch karakter.

De procesbenadering (veranderingsgericht) legt het accent bij de autonome ontwikkelings- en leerkracht (*empowerment*) van organisaties en mensen. De planbaarheid van deze ontwikkeling is beperkt. Er is primair aandacht voor het totstandkomingsproces en het betrekken en motiveren van de geledingen in de organisatie. Kenmerkend is hier de organische of groeibenadering. De toegepaste werkvormen richten zich vooral op het begeleiden van de natuurlijke ontwikkeling en creativiteit.

Het uitgangspunt is dat beide benaderingen geldigheid hebben. Zij zullen elkaar aan moeten vullen en in evenwicht houden. De ontwerpbenadering leidt tot het inhoudelijke advies, de procesbenadering brengt het advies in de organisatie tot leven.

Kennis en ervaring bij de organisatie

De bijdrage van de adviseur dient ten slotte aan te sluiten op het specifieke kennis- en ervaringsniveau van de organisatie waarvoor een opdracht wordt uitgevoerd. In figuur 1.10 is aangegeven welke adviesstijl wordt vervuld in relatie tot de interne kennis en ervaring bij de organisatie.

Bij het toenemen van het ontwikkelingsniveau van de organisatie ten aanzien van business- en informatievraagstukken zal de adviseur achtereenvolgens de rollen aannemen van expert, regisseur, coach en uiteindelijk klankbord.

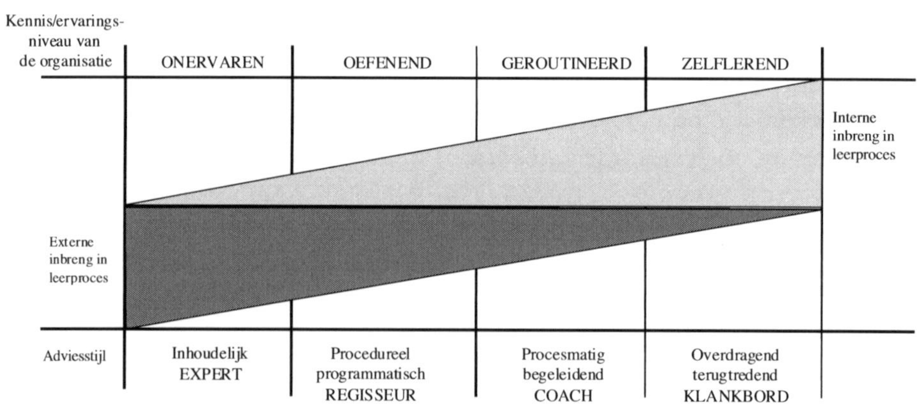

Figuur 1.10 Aansluiting adviesbijdrage op aanwezige kennis en ervaring

• 1.7 •
Succesfactoren bij business-informatieplanning

In deze paragraaf worden kort enkele succesfactoren behandeld van de toepassing van business-informatieplanning in de praktijk.

Concreetheid

Met het business-informatieplan kunnen de wederzijdse invloeden tussen bedrijfsstrategie, ICT-inzet en organisatieverbetering worden uitgewerkt naar concrete resultaten: beleid, architecturen en projecten ten aanzien van producten/diensten, bedrijfsprocessen en ICT. Dit alles moet leiden tot een duidelijke verbetering van de organisatieprestaties. Het opstellen van een business-informatieplan houdt in het afwegen van verschillende organisatiebelangen ten einde een concrete vraagstelling te beantwoorden. Bij de aanvang van een traject zal samen met het management volledige overeenstemming moeten worden bereikt over de na te streven resultaten.

Bewuste keuze voor inhoud en werkwijze

Zowel de inhoud als de te volgen werkwijze is afhankelijk van de situatie waarin de organisatie verkeert. Op basis van inzicht in deze situatie zullen keuzen worden gemaakt over de tijdshorizon, de afbakening, het gewenste uitwerkingsniveau, de aanpak en het ambitieniveau. In de praktijk kan druk worden uitgeoefend om deze stap niet of vooral 'snel' uit te voeren. Een goede diagnose voor de start van de opdracht is echter essentieel en hierop dient zeker niet te worden bezuinigd. Met name de afbakening of scope van het business-informatieplan is van primair belang.

Inbreng van de organisatie

Het opstellen van een business-informatieplan is een complex traject waarin in een korte periode een ontwerp van een nieuwe situatie wordt vastgesteld en een veranderingsproces op gang wordt gebracht. Dit vergt een multidisciplinaire teamsamenstelling waarin de relevante specialisten, medewerkers en managers nauw met

elkaar samenwerken. De aanpak bij business-informatieplanning is erop gericht om managers en medewerkers effectief erbij te betrekken. De adviseur zorgt voor de balans tussen vakmatige inbreng en het erbij betrekken van alle partijen.
Soms is het proces om te komen tot een business-informatieplan zelfs belangrijker dan het uiteindelijke plan.

Algemene toepasbaarheid en contingency

Het opstellen van een business-informatieplan is niet branche- of organisatiespecifiek. De betrokken organisatie zal er haar 'eigen' unieke voordelen mee behalen omdat het raamwerk niet is gebaseerd op een paginawijs te volgen 'kookboek' maar op een leidraad die in elke situatie weer anders zal zijn.

Doorlooptijd

Een beperkte doorlooptijd (twee tot maximaal vier maanden) is van essentieel belang om in voldoende mate de aandacht van de organisatie te kunnen vasthouden en om te voorkomen dat het plan is verouderd op het moment dat het is ontwikkeld.

Communicatie

Het opstellen van een business-informatieplan heeft alleen waarde als de organisatie erachter staat. Het bereiken van acceptatie start bij managers en directe projectmedewerkers. Voorkomen moet echter worden dat de overige mensen in de organisatie het business-informatieplan zien als 'een speeltje' van management, adviseur of projectmedewerkers. Regelmatig en helder communiceren naar allen die zullen worden beïnvloed door de acties uit het plan is hiervoor noodzakelijk.

• 2 •

Raamwerk en resultaten

In dit hoofdstuk worden het raamwerk en de resultaten van business-informatieplanning behandeld. Door het invullen van het raamwerk worden de bouwstenen aangereikt waarmee het plan, gericht op de karakteristieken van de eigen situatie, ontwikkeld kan worden. In het plan worden alle van belang zijnde facetten van het raamwerk opgenomen. Het is daarbij niet de bedoeling dat de beschreven werkwijze als een stap voor stap te volgen kookboek gehanteerd wordt. Wel dient het als kapstok en hulpmiddel waarmee de opstellers een op de specifieke situatie toegesneden aanpak kunnen ontwikkelen. Belangrijk is dat de te bereiken resultaten en gekozen werkwijze voor alle betrokkenen in het traject duidelijk zijn en algemeen gedragen worden.

• 2.1 •
Het raamwerk voor business-informatieplanning

In figuur 2.1 is het raamwerk voor business-informatieplanning gegeven. In het raamwerk zijn de verschillende (tussen)resultaten gepositioneerd. Het is overigens niet altijd nodig om alle resultaten na te streven. Met name de keuzen ten aanzien van de 'kolommen' van het raamwerk hangen sterk af van het ambitieniveau van het management en de vrijheidsgraden die de opstellers krijgen. Indien de organisatie bijvoorbeeld reeds in bezit is van een goed ICT-infrastructuurplan hoeft hiernaar geen diepgaande studie verricht te worden. Wel is het raadzaam reeds aanwezige resultaten 'in te weven' in het business-informatieplan.

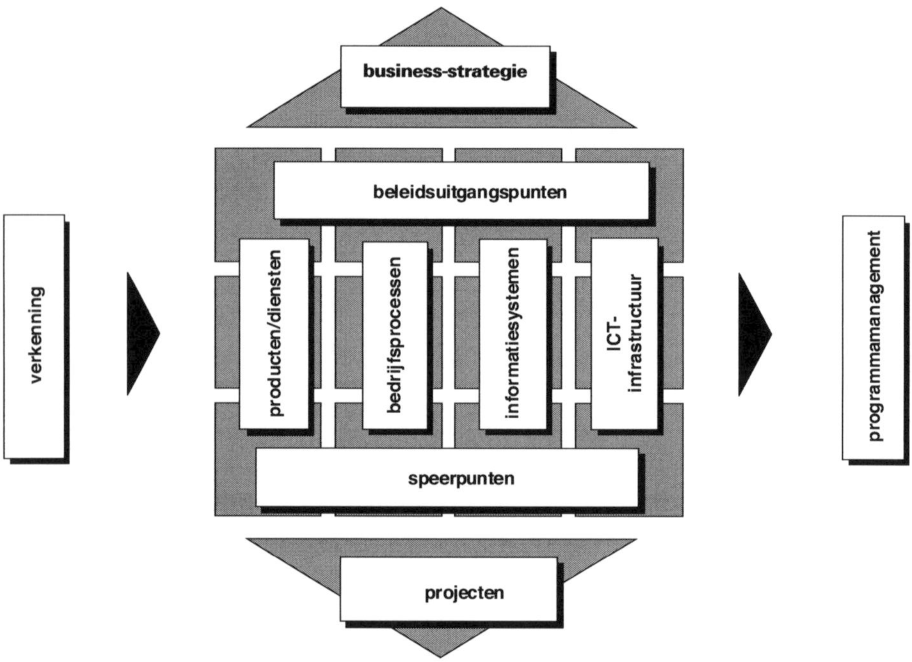

Figuur 2.1 Het raamwerk voor business-informatieplanning

In de volgende paragrafen volgt een nadere invulling van de (potentieel te behalen) resultaten, mogelijke activiteiten om deze resultaten te bereiken en mogelijk toe te passen methoden, technieken en werkvormen. Deze worden uitgebreider behandeld in hoofdstuk 3. Aan de start van elke paragraaf wordt visueel weergegeven welk deel van het raamwerk wordt behandeld.

• 2.2 •
De verkenning

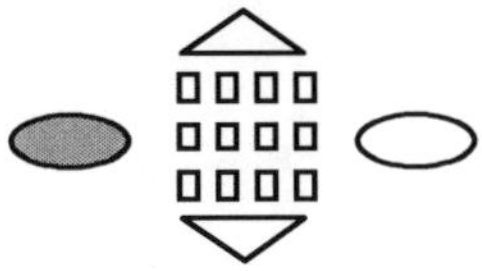

Resultaat van de verkenning is een projectvoorstel voor het opstellen van het plan. Doelstelling van de verkenning is het verkrijgen van overeenstemming over de projectopdracht tussen de opdrachtgever, de opstellers van het plan en andere betrokkenen (zoals topmanagement, middle-managers, marketeers, business consultants/analisten en ICT-specialisten). De verkenning geeft inzicht in de toepasbaarheid en haalbaarheid van het business-informatieplan. Er wordt een helder projectvoorstel gemaakt op basis waarvan de opdrachtgever een besluit kan nemen over de voortzetting en de hierbij te volgen werkwijze.

Resultaten

In het projectvoorstel worden aanleidingen en concrete doelstellingen voor het business-informatieplan uiteengezet. Er worden duidelijk beargumenteerde keuzen gemaakt ten aanzien van de afbakening en werkwijze van de opdracht (zoals het ambitieniveau, de aanpak, de mate van detail, de 'business scope' en de planningshorizon). Voorts is opgenomen een toelichting over de projectverantwoording (projectorganisatie, benodigde middelen, fasering en uit te voeren activiteiten).

Activiteiten

Inventariseren van aanleidingen

In eerste instantie worden aanleidingen voor het business-informatieplan geïnventariseerd. De aanleidingen kunnen zeer divers van aard zijn. Mogelijke aanleidingen zijn bijvoorbeeld:

- door de afdeling marketing worden producten ontwikkeld die de back-office niet of nauwelijks kan leveren als gevolg van starre processen en informatiesystemen;

- de wetgeving verandert dusdanig dat de organisatie zich moet heroriënteren op haar business-positie;
- men ondervindt knelpunten in de huidige bedrijfsprocessen en informatiesystemen;
- oude informatiesystemen staan de vooruitgang in de weg (legacy-problematiek);
- men vindt de (relatieve stijging van) ontwikkelings- en exploitatiekosten van ICT te hoog;
- het management wil een betere benutting van de mogelijkheden die informatie- en communicatietechnologie biedt;
- de samenhang tussen alle projecten die in de organisatie lopen is onduidelijk;
- er verschijnen nieuwe concurrenten via nieuwe distributiekanalen;
- de organisatie heeft te kampen met een gebrek aan innovatie en ziet daardoor haar toekomst met zorg tegemoet.

Opstellen van een situatieschets

Voor de bepaling van de toepasbaarheid van business-informatieplanning en de vaststelling van concrete doelen en de afbakening van het plan, wordt de bestaande situatie kort in kaart gebracht. Hierbij zijn de volgende kenmerken van belang:

- de omvang, complexiteit en cultuur van de organisatie;
- algemene ontwikkelingen in de markt/de branche waarin de organisatie opereert;
- de kwaliteit van de bestaande informatievoorziening (de zogenaamde 'installed base');
- de fase van automatisering/informatisering waarin de organisatie verkeert;
- het ambitieniveau en de veranderingsbereidheid van het management;
- het relatieve belang van informatie en communicatie(technologie) voor het bedrijf;
- de aanwezigheid en duidelijkheid van de business-strategie.

De situatieschets wordt opgesteld door gebruik te maken van bestaande documenten, zoals ondernemingsplannen, marketingplannen, afdelingsplannen en jaarverslagen. Gesprekken met medewerkers/management completeren het beeld.

Een andere manier om de situatieschets op te stellen is door middel van een quick scan. Hierbij wordt het raamwerk heel snel (in een paar weken) doorlopen en worden de elementen die bekend zijn, ingevuld. Zo ontstaat in korte tijd een beeld van de situatie en de potentieel toegevoegde waarde van business-informatieplanning.

Haalbaarheid: het formuleren van motieven voor en tegen business-informatieplanning
Op basis van de aanleidingen en de situatieschets worden de motieven voor maar ook tegen het ontwikkelen van een business-informatieplan bepaald. Motieven *voor* business-informatieplanning kunnen te maken hebben met knelpunten in het functioneren van de organisatie, veranderingen in de doelstellingen of besturing. Ook bestaande en nieuwe ICT-mogelijkheden zoals toepassing van e-business, standaardisatie van berichtenverkeer of inzet van standaardsoftwarepakketten (CRM- en ERP-systemen) kunnen motieven voor business-informatieplanning zijn. Motieven *tegen* business-informatieplanning zijn bijvoorbeeld onvoldoende draagvlak bij het management of te grote onduidelijkheid over de besturing van de organisatie. De motieven voor en tegen worden gebalanceerd om een uitspraak te kunnen doen over de haalbaarheid van het business-informatieplan.

Bepalen van keuzen ten aanzien van inhoud en werkwijze
Bij de bepaling van de werkwijze en inhoud zijn de volgende keuzethema's te onderkennen (voor een nadere toelichting op de keuzethema's wordt verwezen naar paragraaf 1.5):
- de tijdshorizon (kort, 1-2 jaar, versus lang, 3-5 jaar);
- het detailniveau (gedetailleerd versus globaal);
- de ontwikkelwijze (bottom-up versus top-down);

- het ambitieniveau (IST versus SOLL);
- de afbakening of scope (integraal versus partieel/thematisch).

Het management kan alleen met een goed projectvoorstel een besluit nemen over het al dan niet voortzetten van de business-informatieplanning. In het projectvoorstel zullen in ieder geval de volgende vragen beantwoord worden:

- Is business-informatieplanning haalbaar en toepasbaar?
- Welke doelstellingen worden nagestreefd?
- Welke resultaten levert het business-informatieplan precies op?
- Hoe wordt het traject aangepakt?
- Welke activiteiten worden uitgevoerd?
- Welke bijdrage leveren management, marketeers, business consultants/analisten en gebruikers?
- Hoe lang duurt het en wat gaat het kosten?

In figuur 2.2 zijn de door te lopen activiteiten nog eens schematisch aangegeven.

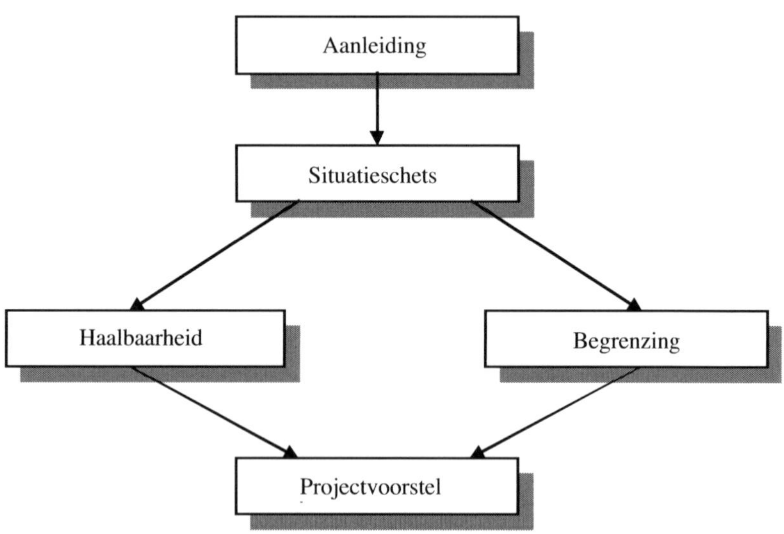

Figuur 2.2 Door te lopen activiteiten

Voorbereiden van de organisatie

Als de projectopdracht gegeven is kunnen de voorbereidingen getroffen worden om het traject in te gaan. De projectorganisatie (stuurgroep, eventuele klankbordgroep en projectgroep) wordt samengesteld. Er worden afspraken gemaakt met de lijnorganisatie over de medewerking aan het project, de te houden workshops worden vastgelegd en in de agenda's gereserveerd, de sessies met het management worden gepland en er wordt aandacht geschonken aan de communicatie over het project met de organisatie.

Verder wordt (her)bruikbaar materiaal vastgesteld; relevante documentatie wordt gelezen en eventuele contracten met in- en externe adviseurs worden gesloten. Het raamwerk voor business-informatieplanning kan nu echt ingevuld gaan worden.

Werkvormen en technieken

- *projectbeheersing;*
- *communicatietechnieken: groepsoverleg, workshop, interviewen en/of enquêteren;*
- *creativiteitstechnieken: brainstormen, mindmapping, toepassing van metaforen en/of Delphi-methode.*

• 2.3 • De business-strategie

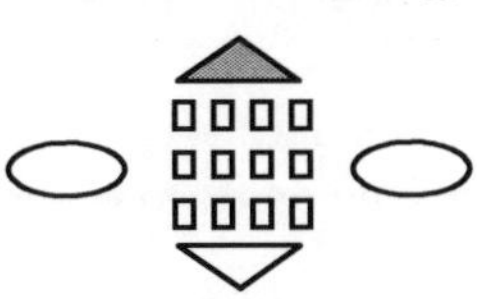

Het business-informatieplan zal een visie van het management op de koers van de organisatie bevatten. Enerzijds als vertrekpunt voor het traject van business-informatieplanning, anderzijds als toetsingskader voor de te ontwikkelen projectenportfolio en de daarbijbehorende prioriteitstelling. Immers, alle investeringen in business- en ICT-projecten moeten de doelen en de strategie ondersteunen.

Resultaten

Mogelijke resultaten van de business-strategie zijn een beschrijving van de missie (waarom), doelen (wat) en strategie (hoe) van de organisatie, de in- en externe ontwikkelingen, de sterkten/zwakten en kansen/bedreigingen, de kerncompetenties, de kritische succesfactoren en het gehanteerde besturingsconcept. Tevens zijn beschreven de belangrijkste marktpartijen ('stakeholders'), zoals doelgroepen, leveranciers, concurrenten en overheden.

Voorbeeld: een openbaarvervoerder

Een openbaarvervoerbedrijf heroriënteert zich op haar positie. Op basis van een analyse van de markt (forenzen, sociaal/recreatief en zakelijk) en van de omgeving (in het bijzonder het overheidsbeleid) worden nieuwe doelstellingen geformuleerd: 20% groei in 5 jaar tijd én het fundamenteel verbeteren van de basiskwaliteit aan de klant. Om invulling te geven aan de geformuleerde doelstellingen wordt voor de strategie van 'operational excellence' gekozen. Dit betekent dat de organisatie kiest voor gestandaardiseerde basiskwaliteit:

- *het aanbieden van uniforme producten/diensten (iedere keer hetzelfde);*
- *aan grote groepen klanten (collectieve wensen zijn bepalend);*
- *tegen zo laag mogelijke kosten;*
- *op een zo makkelijk mogelijke manier.*

Het bereiken van de gestandaardiseerde basiskwaliteit dient te worden bereikt door te focussen op twee speerpunten:

1. Het fundamenteel verbeteren van de transportprocessen:

- *verbeteren van de punctualiteit en aansluitingen;*
- *vervoeren zonder overbodige franje, gericht op het middensegment van de markt;*
- *processen gestandaardiseerd, op één manier uitvoeren;*

- *het formuleren van standaardwerkprocedures, voortdurend toegepast en gecontroleerd;*
- *strakke organisatie met vaste veiligheidsregels en -procedures.*

2. Het professionaliseren van de dienstverlening:
- *de dienstverlening van frontliners is overal en in vergelijkbare situaties hetzelfde;*
- *het aanbieden van diensten aan grote groepen reizigers (dus géén customer intimacy ofwel één-op-één-klantbenadering) met een menselijke uitstraling;*
- *maximaal benutten van ICT-mogelijkheden om de dienstverlening beter, sneller, toegankelijker en betrouwbaarder te maken.*

Activiteiten

Voor het verkrijgen van inzicht in de strategie zijn de volgende vragen van belang:
- Welke missie heeft de organisatie voor zichzelf gesteld (waardoor wordt haar bestaan gelegitimeerd)?
- Welke (langetermijn)doelstellingen zijn hierbij geformuleerd?
- Welke strategische keuzen zijn gemaakt ter realisatie van deze doelstellingen?
- Welke concrete doelen voor de kortere termijn zijn door de organisatie geformuleerd?
- Welke positionering kiest de organisatie in de markt?
- Welke externe ontwikkelingen zijn van invloed op missie, doelstellingen en positionering?

Voor het beantwoorden van bovengenoemde vragen zal soms teruggevallen kunnen worden op reeds bestaande stukken. In andere gevallen behoeft het bestaande materiaal aanvulling of is zelfs sprake van afwezigheid van een expliciet geformuleerde strategie. Om, al dan niet aanvullend, zicht te krijgen op het actuele beeld kunnen verschillende analyses worden uitgevoerd (bijvoorbeeld SWOT of core-competence). De diverse strategische analyses zijn overigens niet strijdig maar zullen elkaar juist aanvullen.

Omgevingsanalyse

Een organisatie heeft te maken met vele andere partijen binnen het terrein waarop zij haar activiteiten ontplooit. Consumenten/klanten, afnemers, intermediairs, leveranciers, financiers, aandeelhouders, overheden en concurrenten vormen slechts een deel van de partijen waarmee een organisatie in aanraking komt. Belangrijk is deze partijen in kaart te brengen en aan te geven hoe deze betrokken zijn in het netwerk waarin de organisatie haar diensten of producten wil leveren.

Sterkten/zwakten en kansen/bedreigingen

Een (traditionele) methode betreft de analyse van sterkten en zwakten en kansen en bedreigingen van de organisatie. De analyse van sterkten en zwakten is vooral intern gericht: waarin is de organisatie goed en waarin niet? De analyse van kansen en bedreigingen is vooral extern gericht: aan welke externe ontwikkelingen is de organisatie onderworpen en welke mogelijkheden heeft de organisatie om externe ontwikkelingen te beïnvloeden?

Kerncompetenties

Een andere benadering om de doelen en strategie van de organisatie af te leiden is meer van 'binnen naar buiten' gericht: om de concurrentiestrijd te winnen moet een onderneming in staat zijn sneller en beter nieuwe producten te ontwikkelen. Hiertoe is een duidelijke en grensverleggende langetermijnvisie op de aard van toekomstige producten, markten en klanten noodzakelijk. Deze visie dient altijd gebaseerd te zijn op een scherp besef van de eigen kerncompetenties ('core competences'). Deze kerncompetenties zijn unieke, ondernemingsgebonden kenmerken, die potentieel toegang moeten verschaffen tot meerdere markten, die moeilijk te imiteren zijn en die een significante bijdrage moeten hebben voor het leveren van toegevoegde waarde aan de klant. Belangrijke vraag bij de kerncompetenties is altijd waarin de onderneming kan en wil excelleren.

Definiëren van kritische succesfactoren

Kritische succesfactoren (KSF-en) zijn factoren van kritisch belang voor het realiseren van de strategie en de concrete doelen en dus bepalend voor het succes van de organisatie. Zeker als KSF-en uitgedrukt worden in meetbare normen lenen deze zich bij uitstek voor beoordeling en prioritering van uit het business-informatieplan voortkomende projecten. Voor het bepalen van KSF-en zijn meerdere methoden ontwikkeld (zie hoofdstuk 3). Een ervan is het KSF-zoekmodel. Een andere, duidelijk gestructureerde en overzichtelijke methode bij de definitie van KSF-en is de 'Balanced Score Card'-methode (BSC). De BSC is geschikt voor het ontwikkelen van een consistente strategie en het richten van alle activiteiten op de strategie.

Omgevings- en value chain-analyse

Naast het inventariseren/formuleren van de business-strategie is het wenselijk inzicht te hebben in het functioneren van de organisatie in relatie tot haar omgeving. Daarbij kan onder meer de aandacht uitgaan naar:

- een analyse van de waardeketen waarin de organisatie zich bevindt;
- de plaats van de organisatie in de waardeketen;
- de toegevoegde waarde van de organisatie nu en in de toekomst;

Bepalen van business drives

Belangrijk is ook om te bepalen welke 'business drives' de onderneming heeft. Met andere woorden: naar welke van de drie in paragraaf 1.4 uitgewerkte 'elementaire bedrijfsfuncties' gaat de aandacht vooral uit: is de focus gericht op kosten en efficiency of juist op differentiatie en onderscheidend vermogen of is innovatie de voornaamste drijfveer? De onderneming geeft door de business drives te bepalen duidelijk richting aan haar business-strategie (figuur 2.3).

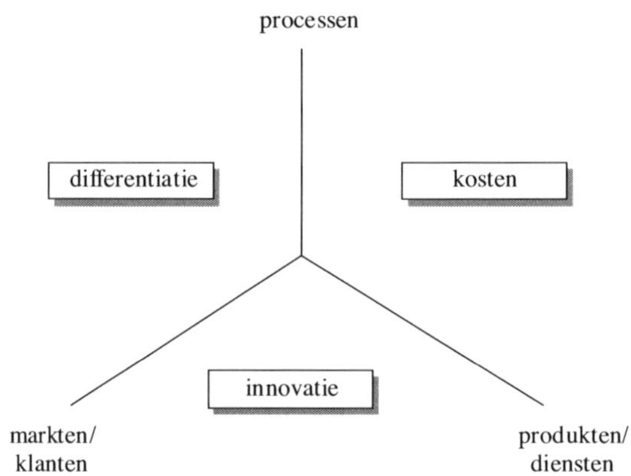

Figuur 2.3 Bepaling van business drives

Werkvormen en technieken

- *bedrijfsanalyse en strategische planning: SWOT-analyse, value chain- en omgevingsanalyse (Porter), kerncompetenties (Prahalad/Hamel), KSF-analyse, Balanced Score Card (Kaplan/Norton);*
- *communicatietechnieken: groepsoverleg, workshop, interviewen en/of enquêteren;*
- *creativiteitstechnieken: brainstormen, mindmapping, toepassing van metaforen en/of Delphi-methode.*

• 2.4 • Beleidsuitgangspunten

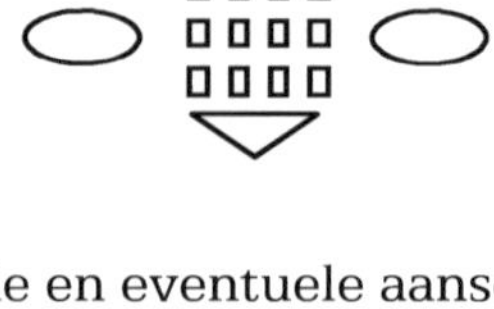

Vanuit de inventarisatie en eventuele aanscherping van het strategisch business-kader in de top van het raamwerk is het een te grote stap ineens om uitspraken te doen over de inrichting van producten, processen en ICT. We hebben concretere richtlijnen nodig om enerzijds te kunnen oordelen of de huidige architectuur van producten, processen en ICT voldoet aan de toekomstvisie en anderzijds om nieuwe inrichtingsalternatieven voor deze architecturen te ontwikkelen.

Resultaten

Hiertoe worden toetsbare beleidsuitgangspunten[1] opgesteld. Deze kunnen in de vorm van beleidsdoelstellingen en beleidsuitspraken worden geformuleerd. Ze worden afgeleid van het strategisch kader uit de vorige paragraaf. Beleidsuitgangspunten worden onderscheiden naar de vier relevante aspecten in het raamwerk: producten/diensten, bedrijfsprocessen, informatiesystemen en ICT-infrastructuur.

Voorbeeld: de openbaarvervoerder

De in de vorige paragraaf beschreven nieuwe business-strategie is vertaald naar een aantal beleidsuitgangspunten voor de onderwerpen producten/diensten, bedrijfsprocessen, informatiesystemen en technische infrastructuur.
Het centrale thema is het volgende citaat: '..... operationally excellent companies have effectively exploited information technology to redesign basic service tasks. Information technology has made service available anywhere at any time. It is the catalyst of the service revolution ....' (uit: The discipline of market leaders, Michael Treacy & Fred Wiersema).

Producten/diensten:
- *Multi-channeling: iedere klant heeft zijn/haar voorkeurskanalen; mits bedrijfseconomisch verantwoord en technisch maakbaar wordt de klant geboden hier zelf uit te kiezen.*
- *Services worden transparant aangeboden opdat de klant (overal en door iedereen) op een uniforme wijze bediend wordt.*

1 Bij voorkeur wordt voldaan aan het SMART-criterium: Specifiek, Meetbaar, Acceptabel, Realistisch en Tijdgebonden

- *Vergroten van de zelfredzaamheid van de klant door het aanbieden van 'self service'-applicaties/voorzieningen opdat de klant zelf informatie en vervoerbewijzen kan verkrijgen.*
- *Streven naar afhandeling op het eerste moment van contact (en daardoor kortere levertijd en minder overdrachtspunten).*

Bedrijfsprocessen:
- *Klantcontacten zijn triggers van bedrijfsprocessen.*
- *Bedrijfsprocessen worden gescheiden in front- en back-office-processen; processtappen met klantcontacten vinden plaats in de front-office.*
- *Bij de inrichting van front-office-processen staat klanttevredenheid voorop, bij de inrichting van back-office-processen staan efficiency, kwaliteit en doorlooptijd voorop.*
- *De front-office dient te beschikken over een toegankelijke, volledige en actuele verzameling van informatie over het producten/dienstenaanbod (marktproposities, ketens, reizen, bestemmingen) en over vaste klanten.*

Informatiesystemen:
- *Informatiesystemen worden beheersbaar en flexibel opgezet d.m.v. modulaire opbouw en hergebruik van modules/componenten.*
- *'Buy the best, build the rest': indien beschikbaar gebruikmaken van standaardoplossingen.*
- *Zoveel mogelijk gebruikmaken van wat de organisatie al in huis heeft en voldoet.*
- *Eenmalig beheer van dezelfde gegevens.*

Technische infrastructuur:
- *Gebruik van 'proven technology' (voldoende kennis in de markt, voldoende stabiel, bewezen bij andere organisaties, betrouwbare leverancier, ...).*
- *Robuuste, toekomstvaste technische architectuur die mee kan groeien met veranderingen (schaalbaar).*
- *De technische architectuur moet de integratie tussen informatiesystemen faciliteren.*

Activiteiten

Formuleren van relevante thema's
De beleidsuitgangspunten staan niet op zichzelf, maar sluiten aan op de business-strategie zoals beschreven in de vorige paragraaf. De relevante beleidsthema's dienen herleidbaar te zijn tot de eerdergenoemde business-drives. Het identificeren van de relevante thema's gebeurt dus vanuit de op te lossen problematiek en gegeven uitdagingen van het strategisch businesskader.

Met behulp van het in paragraaf 1.4 geïntroduceerde denkmodel kunnen de business-drives en bijbehorende mogelijkheden voor ICT-inzet binnen de organisatie worden bepaald. Van de naar het inzicht van het management meest relevante business-drives (bijvoorbeeld onderscheidend vermogen) wordt de kernproblematiek (of uitdaging) geformuleerd in termen van de business (bijvoorbeeld het product onderscheidt zich nauwelijks van de concurrentie) en in termen van ICT (bijvoorbeeld ICT voegt nog geen waarde toe aan het product). Vervolgens wordt een concrete beleidsdoelstelling rondom het thema geformuleerd (productgroep A wordt voorzien van additionele servicing ten aanzien van de het gebruiksgemak, door ICT-gebruik bij deze servicing dient een unieke propositie te ontstaan).

Formuleren van concrete beleidsuitgangspunten
Beleidsthema's en -doelstellingen worden vervolgens nader uitgewerkt in concrete uitspraken voor de vier aspecten van het raamwerk:

- producten/diensten: uitgangspunten die worden gehanteerd bij het ontwerp en de realisatie van PMC-selectie, productportfolio's en product- en serviceformules;

- bedrijfsprocessen: uitgangspunten die worden gehanteerd bij de (her)inrichting van bedrijfsprocessen en bij de inrichting van de organisatie (structuur en cultuur);

Voorbeeld: een uitvoeringsinstelling in de sociale zekerheid

Een uitvoeringsinstelling in de sociale zekerheid heeft in haar business-informatieplan een aantal beleidsuitgangspunten opgenomen. Met betrekking tot producten/diensten is een belangrijk uitgangspunt dat gereguleerd maatwerk aan klanten wordt aangeboden. Dat wil zeggen dat de uitvoeringsinstelling, naast de uitvoering van (wettelijke) werkloosheids- en arbeidsongeschiktheidsregelingen, 'standaard'-bouwstenen ontwikkelt met betrekking tot aanvullende diensten (zoals invaliditeitspensioen en herplaatsingstoelage, reïntegratie, preventie en dergelijke). Zo kan aan klanten maatwerk geleverd worden, terwijl gebruikgemaakt wordt van deze standaardbouwstenen. Een ander uitgangspunt is dat alle producten en diensten bij één loket moeten kunnen worden betrokken.
Van de beleidsuitgangspunten met betrekking tot processen worden er hier twee aangehaald: ten eerste is het procesmodel ontwikkeld volgens het 'sandwichmodel'. Dat betekent dat er één verzekeringsproces, meerdere uitkeringsprocessen en één financieel afhandelingsproces bestaan. Het verzekeringsproces levert gegevens aan die de diverse uitkeringsprocessen nodig hebben. Vervolgens sturen de uitkeringsprocessen het financiële afhandelingsproces aan. Een tweede uitgangspunt op het gebied van processen is de scheiding tussen front- en back-office, waarbij in de front-office cliëntbehandeling plaatsvindt, terwijl de back-office zich richt op de verwerking van administratieve bulkstromen.
Tot slot is in een beleidsuitgangspunt gesteld dat (deel)informatiesystemen modulair zijn opgebouwd en sterk geparametriseerd zijn. Zo worden aanvullende diensten geparametriseerd in de uitkeringssystemen en zijn ze daarmee instelbaar ten behoeve van verschillende klanten.
Er bestaat dus samenhang tussen de uitgangspunten die op het gebied van producten/diensten, processen en informatiesystemen geformuleerd zijn. Om gereguleerd maatwerk aan klanten aan te kunnen bieden is het nodig om de processen volgens de sandwichmethode in te richten en dienen informatiesystemen parametriseerbaar te zijn. Een beleidsuitgangspunt is dus geen losse kreet of een los statement, maar is juist bedoeld om in samenhang met andere uitgangspunten de brug te slaan tussen de business-strategie van de organisatie en de vertaling daarvan in de verschillende architecturen.

- informatiesystemen: uitgangspunten die worden gehanteerd bij de inrichting en realisatie van de informatiearchitectuur (applicaties en gegevens);

- ICT-infrastructuur: uitgangspunten die worden gehanteerd bij de inrichting en realisatie van de ICT-infrastructuur (hardware, software, netwerken, middleware).

Beleidsuitgangspunten kunnen betrekking hebben op zowel de gewenste toekomstige situatie (doelbeleid) als de weg waarlangs deze situatie bereikt kan worden (migratiebeleid). Waar nodig kan een opdeling worden gemaakt in langere-, middellange- en kortetermijnbeleid. Dit kan van belang zijn om later in het business-informatieplan traject helderheid te creëren ten aanzien van de projectenverdeling over de tijdshorizon.

In algemene zin kunnen beleidsuitspraken meer of minder bindend zijn voor de bedrijfsonderdelen waarvoor ze zijn bedoeld. Men kan hiermee bewust vrijheidsgraden creëren en anderzijds afbakeningen en verplichtingen aangeven. Dit wordt ook wel aangeduid met het 'tight-loose' karakter van beleid. Daar waar men autonomie wil toestaan zal het beleid losser zijn en waar men synergievoordelen wil behalen zal het beleid strakker moeten zijn. In de volgende afbeelding worden vier beleidscategorieën onderscheiden: vrije voorzieningen, randvoorwaarden, richtlijnen en (verplichte) basisvoorzieningen (figuur 2.4).

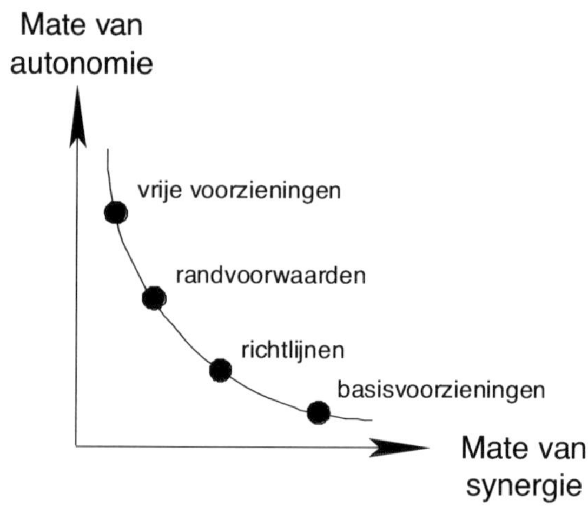

Figuur 2.4 Beleidscategorieën

Voorbeelden van verschillende van deze soorten categorieën beleidsdoelstellingen en -uitspraken:

- Het product/marktbeleid is gebaseerd op volledige klantoriëntatie binnen drie jaren; daartoe wordt een gemeenschappelijke front-office ingericht en een klantbeeldsysteem dat door de verschillende product back-offices moet worden gebruikt (basisvoorziening).
- De organisatie streeft naar continue procesverbetering die wordt ingezet met procesteams; de samenstelling ervan wordt in samenspraak binnen de diverse MT's bepaald (richtlijn); doel is om een efficiencyverbetering van 7,5% per jaar te behalen.
- De standaardpakketten welke door de verschillende lines of business worden aangeschaft dienen te voldoen aan de centrale inkoopregels (randvoorwaarden); minimaal dient te worden aangesloten op het voorgeschreven format voor managementinformatie en klantinformatie (richtlijn).
- Voor niet-primaire bedrijfsprocessen wordt de keuze van de ICT-voorzieningen vastgesteld door de business-unit directie en is geen concernbeleid vastgesteld (vrije voorziening).

In onderstaande tabel is ten slotte een groot aantal mogelijke beleidsonderwerpen aangegeven. Deze kan worden gebruikt als checklist bij de beleidsbepaling voor een specifiek business-informatieplan.

Producten/diensten	**Bedrijfsprocessen**
• *investeren of afbouwen in bepaalde markten* • *porfoliomanagement* • *selecteren en benaderen van doelgroepen* • *klantenbinding en relatiemarketing* • *imagoverbetering* • *servicegraad, levertijd en leverbetrouwbaarheid* • *selecteren, inrichten en gebruiken van distributiekanalen* • *invoering van nieuwe producten/ diensten* • *kwaliteitskenmerken* • *prestatiecriteria per product/dienst* • *klantvriendelijkheid, coulance bij problemen* • *marketingcommunicatie, reclame en PR* • *toegankelijkheid en beschikbaarheid van producten/diensten voor klanten* • *markteisen* • *prijsstelling en -differentiatie* • *betalingsregelingen* • *voldoen aan milieu-eisen* • *after-sales, nazorg*	• *ketenbeheersing/integratie: samenwerking met leverancier en afnemers* • *functionele specialisatie versus taakintegratie* • *nastreven integrale gevalsbehandeling* • *minimaliseren van het aantal controles* • *processtandaardisatie* • *meten en terugkoppelen* • *parallelliseren van processen* • *onderscheid tussen eenvoudige en complexe gevallen bij afhandeling* • *centralisatie versus decentralisatie van taken* • *concentratie versus deconcentratie van taken* • *front-office (klantcontact) versus back-office (verwerking)* • *verdeling van taken over functies* • *flexibilisering door inhuur of herallocatie* • *relatie tussen lijn en staf* • *zelf doen of uitbesteden (outsourcing)* • *overlegstructuren/coördinatiemechanismen* • *span of control* • *cultuur van de organisatie: normen en waarden* • *sociale randvoorwaarden*

Informatiesystemen	ICT-infrastructuur
• *omvang en modulariteit van informatiesystemen* • *mate van integratie van informatiesystemen (hoe goed is de afstemming?)* • *beheersbaarheid van systeemontwikkeling, gebruik van methodieken* • *make or buy, standaardpakketten versus maatwerk* • *onderhoudbaarheid en aanpasbaarheid van systemen* • *flexibiliteit van systemen* • *gebruiksgemak van systemen* • *gemeenschappelijk gegevensgebruik* • *(de)concentratie van gegevensopslag* • *kwaliteit van gegevens (consistentie, actualiteit, betrouwbaarheid)* • *eigenaar en bron van gegevens*	• *ICT-normen, standaarden en richtlijnen (merken, typen, leveranciers)* • *Toepassing van 3-lagen structuur: scheiding tussen presentatie, verwerking en opslag van gegevens* • *gebruik van 'proven technology' (voldoende kennis in de markt, voldoende stabiel, bewezen bij andere organisaties, betrouwbare leverancier, ...)* • *robuustheid en toekomstvastheid van de ICT-infrastructuur; openheid met omgeving, uitbreidbaarheid* • *mate van technische integratie tussen systemen; inzet van middleware (message broker)* • *beveiliging, bescherming, privacy* • *keuze van de gebruikersinterface*

Werkvormen en technieken

- *communicatietechnieken: groepsoverleg, workshop, interviewen en/of enquêteren;*
- *creativiteitstechnieken: brainstormen, mindmapping, toepassing van metaforen en/of Delphi-methode.*

• 2.5 •
Architectuur van producten/diensten

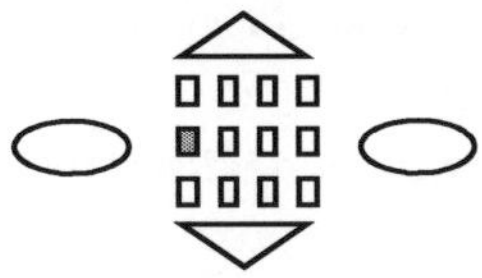

In de architectuur van producten/diensten wordt de vraag beantwoord op welke wijze de organisatie de markt bedient. Vervolgens wordt bekeken of voldaan wordt aan de eisen en ontwikkelingen in de markt en of de invulling consistent is met de geformuleerde uitgangspunten (paragraaf 2.4). Belangrijk is het daarbij te kijken naar onder meer de omgeving, de verschillende soorten markten en marktpartijen binnen die omgeving en de product- en marketingstrategie van de organisatie (waaronder het productassortiment en de kwaliteitseisen die aan de producten gesteld worden).

Resultaten

Vanuit de strategie en de uitgangspunten wordt een blauwdruk van marktpartijen, doelgroepen, producten/diensten, productmarktcombinaties, eigenschappen, marketingmix en kwaliteitseisen en -normen ten aanzien van de product-marktcombinaties opgesteld. De informatiebehoefte van de klant ten aanzien van de producten/diensten wordt vastgelegd en bepaald wordt langs welke distributiekanalen de (informatie over) de producten/diensten geleverd worden.

Voorbeeld: openbaarvervoerder

Op basis van een analyse van het klantproces is de behoefte van de reiziger in de verschillende fasen van het klantproces bepaald. Samen met het management is vastgesteld welke services men aan de klant wil leveren; deze zijn gestructureerd beschreven in zgn. serviceproducten. Voorbeelden van serviceproducten zijn het bieden van reis/keteninformatie, het verkopen van vervoersbewijzen, het verkopen van nevenartikelen (strippenkaarten, telefoonkaarten etc.), het behandelen van abonnementen, het verlenen van service bij verstoringen, het behandelen van klantreacties/klachten en het behandelen van gevonden en verloren voorwerpen.

Vervolgens zijn de verschillende distributie- en servicekanalen bepaald. Voorbeelden van kanalen zijn ambulante servicemedewerkers (face-to-face), call center (telefoon), internet (elektronisch) en post/fax. Per serviceproduct zijn de relevante klantcontacten vastgelegd en is bepaald via welk kanaal deze ondersteund worden. Tevens zijn kwantiteiten (aantallen klantcontacten per kanaal) en prestatie-indicatoren (zoals afhandeltijd, actualiteit van gegevens, betrouwbaarheid/foutenpercentage en rechtvaardigheid) vastgelegd. Naast het uitgangspunt van multi-channeling spelen in dit keuzeproces ook factoren als kosten, privacy, en rechtsgeldigheid een rol.

Voorbeeld serviceproduct 'abonnementen':

Klantcontact	***service-medewerker***	***call center***	***internet***
Aanvragen aanvraagpakket	*X*	*X*	*X*
Behandelen aanvraag nieuwe klant		*X*	*X*
Betalen			*X*
Muteren abonnementsgegevens		*X*	*X*
Verlengen abonnement		*X*	*X*
Duplicaat aanvragen		*X*	*X*

Activiteiten

Inventariseren van producten/diensten

Het inventariseren van producten/diensten gebeurt redenerend vanuit de markt: welke producten en diensten verlangt de markt van de organisatie en welke mogelijkheden heeft de organisatie om daarop in te spelen? Het gaat hierbij om de huidige en in ontwikkeling zijnde producten/diensten. In kaart worden gebracht:

- de kenmerken van de afzetmarkt (zoals de omvang en specifieke eisen die de markt stelt);
- relevante tendensen met betrekking tot (mogelijk) aan te bieden producten/diensten (bijvoorbeeld individualiseringsbehoefte bij consumenten en ontwikkelingen in regelgeving);
- aankoopargumenten voor de klant (de zogenaamde ´unique selling points´);
- het huidige en toekomstige productassortiment per marktsegment;
- afzetvolume, omzet en toegevoegde waarde (omzet minus kosten van grond- en hulpstoffen);
- het marktaandeel ten opzichte van concurrenten;
- de belangrijkste keuzen in de marketingmix (vroeger de 4 P's: Product, Prijs, Promotie en Plaats, tegenwoordig de 4 C's: 'Customer needs and wants', 'Cost to the user', 'Communication' and 'Convenience').

Analyse van het klantproces

De klant doorloopt een aantal processtappen in relatie tot de afname van de producten/diensten. Hierbij is het van belang om het begrip 'klant' niet te eng te definiëren: afhankelijk van de organisatie hoeft de klant niet alleen de feitelijke afnemer te zijn, maar zal ook met andere marktpartijen een 'klant-leverancierrelatie' kunnen gelden (denk aan comakers, intermediairs, werknemers- en werkgeversorganisaties, een holding, ...). De analyse kan en moet soms ook voor deze marktpartijen uitgevoerd worden.
In hoofdlijnen doorloopt de klant de stappen verkennen, kopen, gebruiken en evalueren (zie figuur 2.5):

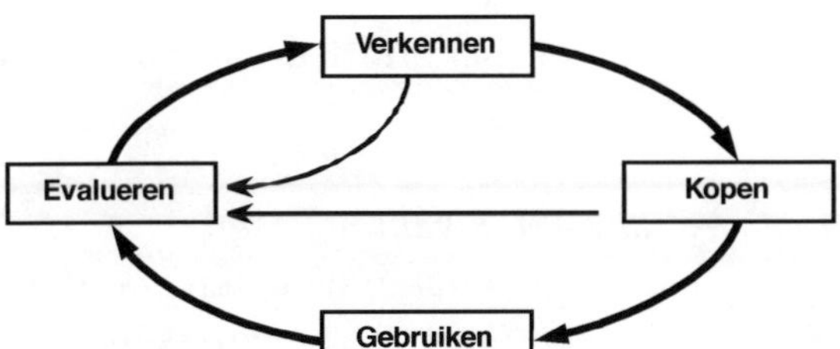

Figuur 2.5 Het klantproces

Van de verschillende stappen worden de informatiebehoeften van de klanten geanalyseerd. Hierbij kan het van belang zijn om per processtap alle mogelijke klantcontacten te bepalen en per klantcontact de informatiebehoeften te analyseren. De informatiebehoeften kunnen bijvoorbeeld betrekking hebben op productkenmerken (gebruiksspecificaties, technische kenmerken), prijsstelling, contractvoorwaarden, distributiekenmerken (kanalen, bereikbaarheid, openingstijden) en servicekenmerken (klachten, verstoringen, garanties). Op deze wijze wordt per product/dienst (of combinatie van producten/diensten) exact vastgelegd welke informatie in relatie tot het klantproces wordt aangeboden. Naarmate informatie een belangrijker onderdeel is van de producten/diensten zal ook deze analyse een belangrijker onderdeel vormen van het business-informatieplan.

Vaststellen van distributiekanalen
De (informatie over de) geformuleerde producten/diensten kunnen via diverse distributiekanalen aan de klant aangeboden worden. Voorbeelden van distributiekanalen zijn balies/loketten/winkels, personal selling (vertegenwoordigers, verkoop buitendienst), verkoop via agenten (indirect), telefonische verkoop (call center) en e-business (internet). Met name in relatie tot de verschillende stappen in het klantproces is het van belang om keuzen te maken welke distributiekanalen ingezet worden. In dit keuzeproces spelen diverse factoren een belangrijke rol:

- belang van het kanaal voor de klant (en daarmee eventueel concurrentievoordeel voor de organisatie);
- kosten voor ontwikkeling, beheer en onderhoud van het kanaal;
- toekomstvisie op de penetratiegraad van het kanaal in de markt.

Vaststellen van volumes en kwaliteitseisen
Van de geformuleerde producten/diensten worden volumes en kwaliteitseisen vastgelegd (let wel: kwaliteitseisen zijn soms wettelijk vastgelegd). De kwaliteitseisen kunnen onder andere betrekkingen hebben op:

- klanttevredenheid (ook wel genoemd de relationele kwaliteit: openheid, begrip tonen, luisteren, correctheid enzovoort);
- bereikbaarheid;
- levertijd en leverbetrouwbaarheid;
- afhandeltijd;
- tijdigheid en actualiteit;
- juistheid (omgekeerd: toegestaan foutenpercentage);
- vertrouwelijkheid van informatie.

De volumes en kwaliteitseisen vormen een belangrijke input voor de vervolgactiviteiten in het business-informatieplan, immers de bedrijfsprocessen en informatiesystemen dienen zodanig ingericht te zijn dat aan de volumes en kwaliteitseisen voldaan kan worden.

Werkvormen en technieken

- *technieken voor product- en marktanalyse: Boston portfolio-management, Kotler;*
- *communicatietechnieken: groepsoverleg, workshop, interviewen en/of enquêteren;*
- *creativiteitstechnieken: brainstormen, mindmapping, toepassing van metaforen en/of Delphi-methode.*

• 2.6 •
Procesarchitectuur

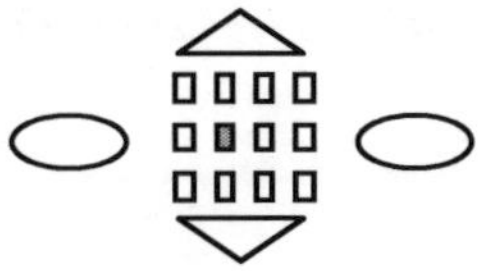

De kernvraag die de procesarchitectuur beantwoordt is in hoeverre de bedrijfsprocessen de aan te bieden producten/diensten en de te bedienen markten ondersteunen. Verder wordt bekeken of de inrichting van de bedrijfsprocessen consistent is met de geformuleerde beleidsuitgangspunten.

Resultaten

De procesarchitectuur komt tot uiting in het zogenaamde bedrijfsprocesmodel. Het bedrijfsprocesmodel is een – visuele – weergave van de betrokken bedrijfsprocessen en de relaties (vaak in termen van gegevensstromen) tussen deze bedrijfsprocessen. Naast de visuele weergave bevat het bedrijfsprocesmodel vaak een beschrijving van de bedrijfsprocessen en van de samenhang en relaties tussen de bedrijfsprocessen. Tot slot worden in het bedrijfsprocesmodel de verschillende processen toegewezen aan verantwoordelijke organisatie-eenheden.

Voorbeeld: openbaarvervoerder

Van de in de vorige paragraaf geformuleerde serviceproducten zijn de 'achterliggende' bedrijfsprocessen van klant-tot-klant beschreven. Vervolgens is per bedrijfsproces bepaald welke processtappen in de front-office en welke in de back-office dienen plaats te vinden.

Voorbeeld: het bedrijfsproces 'behandelen abonnementen'

Processtappen back-office	*Processtappen front-office*
02. controleren aanvraag	*01. ontvangen aanvraagformulier*
03. registreren aanvraag	*03. registreren aanvraag*
04. verzoeken klant tot aanvullen aanvraag	*10. identificeren klant*
05. archiveren aanvraag	*11. afgeven kaart en welkomstpakket*
06. maken en verzenden incasso-opdracht	*12. geven statusinformatie*
07. scannen pasfoto	
08. maken productie-opdracht	
09. opsturen kaart en welkomstpakket	

Van de processtappen in de front-office is, met behulp van de in de vorige paragraaf beschreven matrix 'klantcontacten per kanaal', bepaald in welke kanalen ze worden uitgevoerd.

Activiteiten

Analyseren bedrijfsprocessen
In de procesanalyse wordt onderzocht welke processen in de organisatie plaatsvinden, hoe deze processen samenhangen, welke organisatie-eenheden de processen uitvoeren en welke organisatie-eenheden verantwoordelijk voor de processen zijn. Ook wordt een besturingsanalyse uitgevoerd. Verschillende besturingssituaties worden daarin onderzocht, zoals op welke wijze wordt een proces of een groep processen bestuurd. Afhankelijk van hetgeen in het projectvoorstel is bepaald zal een verdere uitwerking plaatsvinden. Zo kan de aandacht zich richten op alleen de primaire processen of kunnen juist zowel de besturende, primaire als ondersteunende processen verder uitgewerkt worden. Verder is ook het detailniveau van belang. Meestal zal een verdere uitwerking van het 'hoofd'-bedrijfsprocesmodel in subprocessen en activiteiten plaatsvinden. Ook de eigenschappen van de verschillende (sub)processen, zoals productiviteit, productieaantallen, doorlooptijd, kosten en foutenpercentages worden in kaart gebracht.

Belangrijk aandachtspunt bij het opstellen van het bedrijfsprocesmodel is of wordt uitgegaan van de huidige (ist) of toekomstige (soll) situatie. Soms zal de huidige procesinrichting voldoende zijn om de producten en diensten aan de markt te leveren. Meestal echter is het opstellen van een bedrijfsprocesmodel geënt op de toekomstige situatie gewenst om te kunnen voldoen aan de eisen die gesteld worden door de markt en de klanten. Het toepassen van BPR-regels (Business Process Redesign) kan daarbij helpen. Mogelijk te hanteren BPR-uitgangspunten zijn:

- de oriëntatie op markten/klanten;
- proces/ketengericht;
- het uitgaan van radicale veranderingen om verbeteringen te realiseren.

Deze uitgangspunten resulteren in een aantal ontwerpregels voor procesinrichting, die bij het opstellen van een bedrijfsprocesmodel gebruikt kunnen worden:

- het 'breken' met ongeschreven regels/aannames;
- toepassing van de zogenaamde 'groene-weidebenadering';
- het werken vanuit producten in plaats van functies;
- het maken van onderscheid tussen complexe en eenvoudige gevallen;
- integratie van taken;
- het parallelliseren van taken;
- instelling van autonome werkeenheden;
- het vermijden van overbodige controles en/of taken.

Relateren van bedrijfsprocessen aan producten/diensten
Nadat inzicht is verkregen in de bedrijfsprocessen moet worden geanalyseerd of – en hoe – de organisatie in staat is de (huidige en toekomstige) producten en diensten aan de markt te leveren. Kernbegrippen die daarbij spelen zijn efficiëntie, effectiviteit, kwaliteit en kosten. De organisatie zal moeten trachten een balans te vinden tussen deze begrippen bij het afstemmen van de bedrijfsprocessen op markten/producten en diensten. Daartoe worden de volgende activiteiten uitgevoerd:

- relateren van relevante bedrijfsprocessen aan producten/diensten (welke bedrijfsprocessen leveren welke producten/diensten?);
- confronteren van de bedrijfsprocessen aan de eisen die de markt stelt;
- het toetsen van de bedrijfsprocessen aan de geformuleerde beleidsuitgangspunten;
- het opsporen van witte vlekken, doublures en verstoppingen in bedrijfsprocessen.

Formuleren van knelpunten
Uit bovenstaande analyse volgt een aantal knelpunten, verbeterpunten en kansen ten aanzien van bedrijfsprocessen en organisatie-inrichting. Onderwerpen die in deze lijst veelvuldig voorkomen zijn onder meer 'integrale gevals- of zaakbehandeling', 'scheiding en inrichting van front- en back-office' en 'besturing van het primaire proces (inclusief het opstellen en implementeren van prestatie-indicatoren)'.

Werkvormen en technieken

- *technieken voor besturings- en procesanalyse: besturingsanalyse, waardeketenanalyse volgens Porter, IPO-procesanalyse en informatielogistiek;*
- *communicatietechnieken: groepsoverleg, workshop, interviewen en/of enquêteren;*
- *creativiteitstechnieken: brainstormen, mindmapping, toepassing van metaforen en/of Delphi-methode.*

• 2.7 •
Informatiearchitectuur

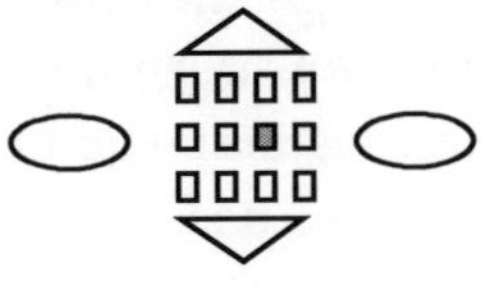

In de informatiearchitectuur komt onder meer aan de orde hoe informatiesystemen optimaal kunnen worden afgestemd op bedrijfsprocessen, besturing en organisatie-inrichting. Verder wordt onderzocht welke gemeenschappelijke basisvoorzieningen er nodig zijn voor de inrichting van een goede informatievoorziening. Ook wordt bekeken of de invulling consistent is met de geformuleerde beleidsuitgangspunten.

Architecturen
Zoals uit paragraaf 1.3 blijkt, krijgt het werken met (informatie)-architecturen steeds meer aandacht. Dit komt omdat architecturen het mogelijk maken om snel in te spelen op veranderende omstandigheden zoals nieuwe in- en externe behoeften en technologische ontwikkelingen. Dit wordt in architecturen bereikt door de ontwikkeling van flexibele, herbruikbare en overdraagbare informatiesystemen te bevorderen. Een goede architectuur zorgt enerzijds voor

flexibiliteit in bedrijfsprocessen en informatiesystemen en anderzijds voor behoud van samenhang en uniformiteit tussen bedrijfsprocessen en informatiesystemen. Ontwikkelen onder een informatiearchitectuur voorkomt eilandautomatisering en maakt zoals gezegd hergebruik van software mogelijk. Door hergebruik is enerzijds een besparing van ontwikkelkosten en anderzijds een verkorting van de ontwikkeltijd mogelijk.

Resultaten

Een informatiearchitectuur staat niet op zichzelf, maar heeft een duidelijke relatie met de product/dienst- en procesarchitectuur. De informatiearchitectuur zelf wordt gevormd door het zogenaamde informatiemodel en twee deelarchitecturen, te weten de applicatiearchitectuur en de gegevensarchitectuur.

Het informatiemodel is een opdeling van de organisatie in relatief autonome informatiedomeinen. Deze informatiedomeinen worden ook wel logische informatiesystemen genoemd. Hiervan worden de doelstelling en de kernfuncties beschreven.

Tevens wordt in het informatiemodel de onderlinge samenhang tussen de informatiedomeinen en de relatie met de omgeving zichtbaar gemaakt. Basis hiervoor is de analyse van bedrijfsprocessen (procesarchitectuur) en besturing van de organisatie (paragraaf 2.6) en een analyse van de belangrijkste applicaties (applicatiearchitectuur) en bedrijfsgegevens (gegevensarchitectuur) van de organisatie. Met behulp van het informatiemodel worden verantwoordelijkheden voor informatiedomeinen verdeeld over managementposities.

Op basis van knelpunten in de bestaande applicaties, nieuwe informatiebehoeften (eisen en wensen) en nieuwe mogelijkheden van informatietechnologie worden voorstellen gedaan voor de gewenste situatie. Gemeenschappelijke voorzieningen en een blauwdruk van de technische infrastructuur maken daarvan deel uit.

Voorbeeld openbaar vervoerder

In de vorige paragraaf is per bedrijfsproces bepaald welke processtappen in de front-office en welke in de back-office worden uitgevoerd. Van alle processtappen in de front-office is vervolgens vastgesteld welke gegevens(groepen) nodig zijn voor het uitvoeren van de activiteiten. Met behulp van matrix- en clusteringstechnieken zijn informatiedomeinen afgebakend (figuur 2.6):

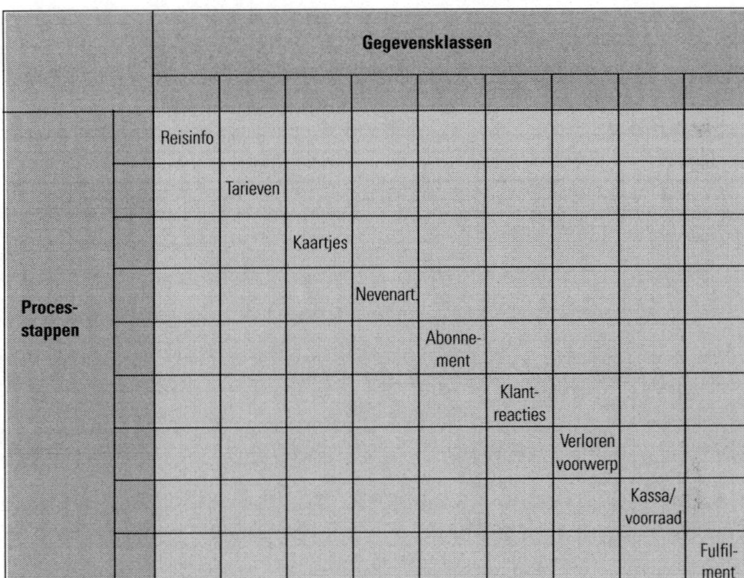

Figuur 2.6 Vaststelling van informatiedomeinen

De verschillende logische informatiedomeinen zijn vervolgens nader beschreven (kernfuncties, te registreren gegevens, relaties met andere front-officedomeinen en met back-office-systemen, eigenaar, huidige invulling, etc.). De afbakening van informatiedomeinen heeft vervolgens als kapstok gediend om de functionele eisen en wensen verder te specificeren en om een marktscan naar ICT-oplossingen uit te voeren. Uiteindelijk is gekozen voor een integrale CRM-oplossing (Customer Relationship Management) in combinatie met e-Business en POS (Point-Of-Sale)-toepassingen.

Een belangrijke functie van het informatiemodel (dat overigens vaak op één A-4'tje is weer te geven) is de kapstokfunctie. De huidige en in ontwikkeling zijnde applicaties, de gegevensstromen, de verantwoordelijkheden voor informatiedomeinen, de huidige knelpunten: het zijn allemaal voorbeelden van zaken die op het informatiemodel 'geplot' kunnen worden.

Activiteiten

In de informatiearchitectuur wordt de vertaling gemaakt van bedrijfsprocesmodel naar informatiemodel. Naast het bedrijfsprocesmodel en het besturingsmodel van de organisatie (paragraaf 2.6), speelt ook de gegevensarchitectuur een belangrijke rol bij het totstandkomen van dit informatiemodel.

Uitvoeren van de gegevensanalyse en opstellen van de gegevensarchitectuur

In de gegevensanalyse wordt onderzocht welke gegevens men nodig heeft voor het uitvoeren en besturen van de processen. De gegevens worden in de gegevensarchitectuur gestructureerd naar de verschillende objecten. Objecten zijn onderwerpen waarover gegevens nodig zijn, zoals producten/diensten, productiemiddelen (personeel, geld, gereedschappen) en de omgeving (klanten, leveranciers). Van de relevante objecten in de organisatie worden de volgende kenmerken bepaald:

- de omschrijving van het object;
- de relaties tussen de objecten;
- de eigenaar, bron en gebruikers van de objecten.

Afbakenen van informatiedomeinen

De organisatie wordt opgedeeld in informatiedomeinen. Zij vormen de logische bouwstenen van de informatievoorziening. Een informatiedomein bestaat uit een samenstel van processen waarbinnen de interne samenhang in informatiebehoeften maximaal en de gegevensuitwisseling met de omgeving relatief gering is (zie figuur 2.7). Een informatiedomein zal vaak niet een één op één vertaling van de organisatiestructuur zijn; zij kan meerdere organisatorische eenheden bevatten en vice versa.

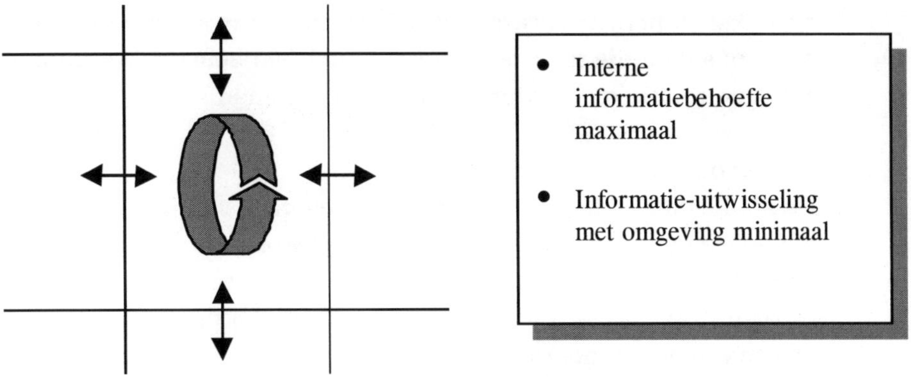

Figuur 2.7 Afbakening van informatiedomeinen

Een hulpmiddel bij het afbakenen van informatiedomeinen is het opstellen van matrices waarin de relatie tussen de processen, besturing en objecten wordt gelegd.
Geanalyseerd wordt onder meer welk bedrijfsproces welke gegevens creëert c.q. gebruikt. De matrices blijven natuurlijk een hulpmiddel, de adviseur en het management zullen in een creatief proces de uiteindelijke indeling moeten vaststellen. Het is van belang dat het informatiemodel naar de mening van het management een goede afspiegeling vormt van de werkelijkheid.

De informatiedomeinen worden ook wel logische informatiesystemen genoemd: immers, als de informatievoorziening vanaf de basis opnieuw zou kunnen worden opgebouwd, zou elk informatiedomein (met sterke interne gegevenssamenhang en relatief geringe gegevensuitwisseling met de omgeving) een informatiesysteem zijn.

De informatiedomeinen worden helder omschreven, waarbij de volgende kenmerken aan bod kunnen komen:
- doelstelling;
- omschrijving;
- motivatie (waaraan ontleent het zijn bestaansrecht?);

- kernfuncties/processen die ondersteund worden;
- objecten die door het informatiedomein beheerd worden;
- de relatie met andere informatiedomeinen.

Vastleggen applicatiearchitectuur
De applicatiearchitectuur geeft een blauwdruk van hoe een proces of een groep van processen ondersteund wordt door applicaties of applicatieonderdelen en hoe deze applicaties met elkaar samenwerken (interfaces). Een applicatie kan daarbij gezien worden als een vooraf gedefinieerd geheel van geautomatiseerde functies voor een bepaald doel en/of een bepaalde gebruikersgroep. De bestaande en in ontwikkeling zijnde applicaties (niet te verwarren met de logische informatiesystemen!) worden in kaart gebracht en geëvalueerd. Deze applicaties worden gerelateerd aan en weergegeven op het informatiemodel. Te inventariseren kenmerken kunnen (afhankelijk van het gekozen detailniveau) de volgende zijn:
- de kernfuncties van de applicatie;
- het (globale) gegevensmodel van de applicatie;
- omvang, de gebruiksgroep en de gebruiksintensiteit;
- het relatieve belang voor de gebruikersgroep;
- eventuele relaties met andere applicaties (interfaces);
- betrouwbaarheid en toegankelijkheid van gegevens;
- onderhoudbaarheid.

Overigens kan in plaats van naar applicaties ook naar componenten gekeken worden. De componentgeoriënteerde manier van werken wint aan populariteit. In dit geval worden niet de applicaties geïnventariseerd en op het informatiemodel weergegeven, maar de onderkende componenten.

De bestaande en in ontwikkeling zijnde applicaties of componenten worden vergeleken met de geformuleerde beleidsuitgangspunten. De belangrijkste geconstateerde hiaten en knelpunten worden systematisch beschreven.

Inventariseren van (nieuwe) informatiebehoeften
De behoefteninventarisatie is erop gericht de informatievraag over de tijdshorizon zoveel mogelijk naar boven te halen. Er zijn behoeften die allang hadden moeten worden bevredigd, zij worden ervaren als huidige tekortkomingen. Daarnaast zijn er behoeften in de vorm van (nu zichtbare) nieuwe wensen voor de periode waar het business-informatieplan betrekking op heeft. Dit geldt bijvoorbeeld wanneer het bedrijf nieuwe activiteiten ontplooit en/of structureel anders wordt ingericht. Dit geeft vervolgens inzicht in het te overbruggen verschil tussen deze wensen en de huidige applicaties. Ook de informatiebehoeften worden 'opgehangen' aan het informatiemodel.

Werkvormen en technieken

- *technieken voor informatieanalyse: gegevensanalyse, ISAC, matrix- en clustertechnieken;*
- *communicatietechnieken: groepsoverleg, workshop, interviewen en/of enquêteren;*
- *creativiteitstechnieken: brainstormen, mindmapping, toepassing van metaforen en/of Delphi-methode.*

• 2.8 •
Blauwdruk van de ICT-infrastructuur

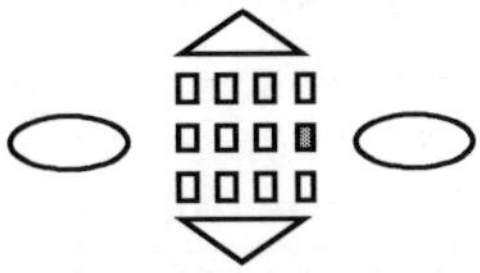

Voorwaarde voor de ontwikkeling van de gewenste toepassingen en gegevenshuishouding is een toekomstvaste ICT-infrastructuur. Aangezien een organisatie zich voor langere tijd vastlegt op eenmaal gekozen infrastructuren, is het verstandig hiervoor een weloverwogen concept te ontwikkelen.

De ICT-infrastructuur wordt gevormd door het geheel aan apparatuur, lijnen, systeemsoftware, netwerken en middleware waarmee (technische) beheerders de gebruikers een werkende informatie- en communicatiestructuur aanbieden. De ICT-infrastructuur dient een afgeleide te zijn van de behoefte aan verwerkings- en communicatiecapaciteit zoals die wordt vastgesteld in het informatiemodel (rekening houdend met nieuwe (en bestaande) informatiesystemen, gegevensregistraties en gemeenschappelijke voorzieningen).

Resultaten

Op basis van de behoeften in de organisatie, technologische ontwikkelingen en de bestaande technische hulpmiddelen wordt een *langetermijnconcept* voor de technische infrastructuur ontworpen in termen van *globale specificaties van hardware, standaardsoftware en netwerken*. Voorts kunnen alternatieve invullingen (productbomen, leveranciers) voor dit concept worden gegeven en beoordeeld.

Voorbeeld: openbaar vervoerder

Om de gewenste integratie tussen front- en back-officesystemen te ondersteunen is een migratiearchitectuur met betrekking tot de technische infrastructuur ontwikkeld. Deze migratiearchitectuur bestaat uit drie fasen:

1. *thin client infrastructuur: integratie 'op het glas', en daardoor minimale aanpassingen aan systemen, een snelle implementatie, eenduidig beheer en een grotere mate van flexibiliteit;*
2. *message-infrastructuur: dynamische interfaces door inzet van een Message Broker, ontkoppeling van systemen, platformonafhankelijkheid en betere beheersbaarheid;*
3. *integratie-infrastructuur: een uniforme gebruikersinterface, applicaties gereed voor multi-channeling en integratie met oude applicaties mogelijk.*

Activiteiten

Afbakenen van componenten van de technische infrastructuur
In eerste instantie wordt afgebakend welke technische middelen in het kader van business-informatieplanning beschouwd zullen worden, zoals:

- *hardware en besturingssystemen*: computers, randapparatuur en programma's die de uitvoering van toepassingen coördineren;
- *netwerk- en communicatieproducten* ten behoeve van het transport van computersignalen (zoals ethernet en X-25) en programmatuur die de interactie tussen toepassingen en/of mensen onderling realiseert (zoals elektronische post, bestandsoverdracht, toegangscontrole);
- *databasemanagementsystemen*: programmatuur voor het opslaan en beheren van gegevens;
- *professionele programmeerhulpmiddelen* voor het ontwikkelen, testen, implementeren en beheren van toepassingen;
- *eindgebruikerhulpmiddelen* voor op de werkplek (opvraagtalen, spreadsheets, tekstverwerkers, enzovoort).

Inventariseren van technologische ontwikkelingen
Bij het ontwerp van de technische infrastructuur wordt rekening gehouden met relevante technologische trends in de aanbodmarkt, zoals:

- de ontwikkeling van thin-clienttechnologie;
- de positie van UNIX-producten ten opzichte van NT en Linux;
- de opkomst van application service providers;
- de opkomst van universele interfaces (Windows versus webtechnologie);
- de koppeling van administratieve systemen met productieautomatisering (CAD/CAE);
- nieuwe (innovatieve) technologieën, zoals AI (kunstmatige intelligentie), datawarehousing/mining, chipcardtechnologie, tracking en tracing en workflowsystemen.

Uiteraard is deze opsomming onvolledig en zal zij na verloop van tijd veranderen.

Inventariseren van bestaande technische middelen
Aangegeven wordt welke huidige technische middelen de organisatie gebruikt. Bestaande standaarden, merken, typen en leveranciers worden geïnventariseerd en in relatie gebracht tot bestaande/gewenste toepassingen en gegevensbanken.

Ontwikkelen van een concept voor de technische infrastructuur
Op basis van de gestelde beleidsuitgangspunten, de blauwdrukken van toepassingen en gegevens en de technologische ontwikkelingen wordt een concept voor de technische infrastructuur ontwikkeld. In het concept wordt de inzet van de componenten binnen de technische infrastructuur op globaal niveau ontworpen, op het niveau van mainframe (centraal), midrange-platforms (decentraal) en werkstations (werkplek). Ook de relatie met de omgeving (leveranciers, klanten, andere bedrijfsonderdelen) wordt hierin meegenomen.

Genereren van alternatieven voor invulling van het concept
De volgende stap betreft het genereren van alternatieven (maximaal drie à vier) voor de invulling van het concept. De keuze voor één of meerdere leveranciers hangt sterk af van de wens naar standaardisatie, zoals gesteld in het informatiebeleid.

Opstellen van selectiecriteria
Om de voorgestelde concepten objectief te kunnen beoordelen, wordt de veelheid aan gedetailleerde, technische criteria teruggebracht tot een beperkt aantal relevante en voor managers begrijpelijke keuzecriteria, zoals:

- geboden functionaliteit voor de toepassingen;
- communicatiemogelijkheden (intern en extern);
- inpasbaarheid van bestaande informatiesystemen;
- cost of ownership: de integrale kosten voor investeringen, onderhoud en beheer;
- technische en organisatorische beheersbaarheid;

- overdraagbaarheid van toepassingen;
- leveranciersafhankelijkheid;
- toekomstvastheid.

Afwegen van alternatieven en keuze
Door het toetsen van de alternatieven aan de keuzecriteria kan het management het meest geschikte alternatief selecteren. Een aanpak met het 'wegen' van de criteria en het 'scoren' van de alternatieven op de criteria kan hierbij helpen, maar kan ook een schijnnauwkeurigheid oproepen. In ieder geval maakt deze aanpak de verschillen goed zichtbaar.

Werkvormen en technieken

- *communicatietechnieken: groepsoverleg, workshop, interviewen en/of enquêteren;*
- *creativiteitstechnieken: brainstormen, mindmapping, toepassing van metaforen en/of Delphi-methode.*

• 2.9 •
Speerpunten en kandidaatprojecten

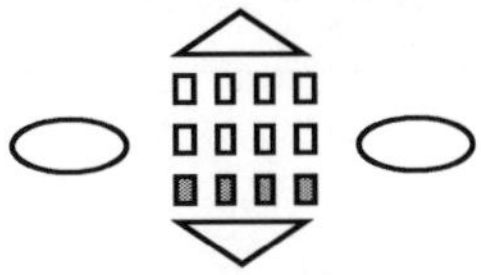

In de vorige paragrafen zijn de beleidsuitgangspunten verder uitgewerkt in de vorm van architecturen van producten/diensten, bedrijfsprocessen, informatiesystemen en van de ICT-infrastructuur. Door de confrontatie van de bestaande met de gewenste situatie kunnen potentiële speerpunten geformuleerd worden. Overigens wordt deze fase niet noodzakelijkerwijs ná het opstellen van de architecturen uitgevoerd. Veelal is het een iteratief proces en worden tijdens het uitvoeren van de analyses al mogelijke speerpunten onderkend.

Voorbeeld: openbaarvervoerder

Op basis van de in de vorige paragrafen beschreven architecturen van producten/diensten, bedrijfsprocessen, informatiesystemen en technische infrastructuur zijn voor de vier planningsaspecten speerpunten afgeleid geformuleerd.

Producten/diensten:

- *veranderen van het takenpakket en de vaardigheden van een servicemedewerker;*
- *uitbreiden van de dienstverlening van het call center; stroomlijnen van het telefoonverkeer;*
- *verbreden van de toepassing van internet als kanaal.*

Bedrijfsprocessen:

- *herontwerp van het proces van gevonden/verloren voorwerpen;*
- *vereenvouding en uniformering van abonnementprocessen;*
- *verbeteren van de integrale besturing (prestatie-indicatoren, normen, rapportagecyclus);*
- *ontwikkeling van een eenduidige processturing;*
- *herijking van de organisatie van de informatievoorziening.*

Informatiesystemen

- *onderzoek naar de vervanging van het huidige klachtensysteem;*
- *ontwikkeling van een multi-channel CRM/POS-systeem;*
- *opzet van een gemeenschappelijk beheer van reis/propositie/prijsgegevens;*
- *uniformeren van klantgegevens;*
- *onderzoek naar de toepasbaarheid van een workflowmanagementsysteem;*
- *uitdiepen en beheren van een toekomstvaste informatiearchitectuur.*

Technische infrastructuur

- *vervanging van het Wide Area Network (WAN);*
- *invoering van middleware-technologie (message broker);*
- *ontwikkeling van componenten m.b.t. standaard userinterface;*
- *technische integratie van CRM en e-Businessomgeving.*

Resultaten

Resultaat van deze fase van business-informatieplanning is een overzicht van speerpunten dat gebruikt wordt om een overzicht van kandidaatprojecten te maken. Kandidaatprojecten kunnen business-projecten of ICT-projecten zijn. De meeste kandidaatprojecten hebben echter zowel een business- als een ICT-component in zich.

Activiteiten

Formuleren van speerpunten

Door het ontwerp en de analyse van de gewenste situatie met betrekking tot producten/diensten, bedrijfsprocessen, informatiesystemen en ICT-infrastructuur zijn onder andere nieuwe kansen, verbeterpunten, knelpunten en nieuwe behoeften boven water gekomen. Tevens zijn reeds lopende actiepunten geïnventariseerd. Een speerpunt kan een aanpassing van het bestaande betreffen of een geheel nieuwe ontwikkeling. Van de speerpunten wordt een aantal belangrijke kenmerken (samen met de belanghebbenden) gedefinieerd:

- een bondige en heldere omschrijving van het speerpunt;
- de betrokken organisatieonderdelen;
- de status van het speerpunt (bijvoorbeeld idee, onderzoek, ontwikkeling).

Uitvoeren van een volledigheids- en validiteitscontrole

De verzameling speerpunten wordt gecontroleerd op volledigheid, juistheid en geldigheid. Dit is mogelijk door deze (voorzover dat nog niet eerder is gebeurd) in de stuurgroep (en wellicht de afzonderlijke managementteams van de organisatie) te presenteren. De speerpunten kunnen afgebeeld worden op de ontworpen architecturen (met name het informatiemodel), zodat een beeld ontstaat van mogelijke hiaten en overlappingen.

Clusteren tot kandidaatprojecten

Vele speerpunten zullen een nauwe samenhang vertonen: of ze gaan over hetzelfde onderwerp, of ze hebben een afhankelijkheidsrelatie. De speerpunten worden zodanig gegroepeerd, dat deze logisch gezien als aparte projecten kunnen worden uitgevoerd. Input voor de clustering is bijvoorbeeld:

- speerpunten kunnen betrekking hebben op hetzelfde onderwerp (bijvoorbeeld de introductie van een nieuw product, waardoor op allerlei gebieden speerpunten zullen ontstaan);
- de vastgestelde beleidsuitgangspunten (afspraken over omvang, doorlooptijd en financiële ruimte voor projecten);
- het al dan niet gerelateerd zijn aan hetzelfde bedrijfsproces (en dus vallend onder de verantwoordelijkheid van dezelfde manager);
- het al dan niet opgehangen kunnen worden aan een bestaand business- of ICT-project of informatiesysteem.

Voorbeeld: uitvoeringsinstelling sociale zekerheid

Een van de kandidaatprojecten van een uitvoeringsinstelling sociale zekerheid is 'uniformering werkloosheid'. De speerpunten die in dit kandidaatproject zijn opgenomen, komen voort uit de bevindingen naar aanleiding van producten/diensten, bedrijfsprocessen en informatiesystemen (de eerste drie kolommen van het raamwerk). Zo is een speerpunt met betrekking tot producten/diensten: 'de standaardisering en uniformering van bestaande werkloosheidsregelingen met als doelen het vereenvoudigen van de uitvoering en het verlagen van de kosten.' Bij bedrijfsprocessen is het volgende speerpunt geformuleerd: 'het herontwerpen en inrichten van het werkloosheidsproces, waarbij het voornaamste aandachtspunt is het uniformeren van de werkloosheidsprocessen bij de verschillende uitvoerende eenheden, zodanig dat er rekening wordt gehouden met een toekomstige uitvoering van de WW; ook zal de relatie tussen het werkloosheidsproces en andere processen binnen de organisatie verder in kaart moeten worden gebracht.' Voor wat betreft de informatiesystemen is tot slot dit speerpunt benoemd: 'het onderzoeken van de toekomst van de werkloosheidssystemen, gericht op uniformering en flexibiliteit; het idee is om (een cluster van) werkloosheidssystemen te ontwikkelen, waarmee alle bestaande en toekomstige werkloosheidsregelingen uitgevoerd kunnen worden.'

Het kandidaatproject 'uniformering werkloosheid' heeft dus betrekking op meer dan alleen maar informatiesystemen. Bijna alle kandidaatprojecten in een projectenoverzicht hebben elementen uit twee of meer kolommen van het raamwerk in zich. Er zijn dus geen pure ICT-projecten. Hooguit komen er projecten voor met een dominante ICT-component (bijvoorbeeld de overgang naar een andere softwareomgeving).

Opstellen van een kandidaatprojectenoverzicht

Van de kandidaatprojecten wordt een voorlopig projectenoverzicht opgesteld. In dit overzicht zijn per project een aantal kenmerken opgenomen en uitgewerkt:

- projectnaam en omschrijving (een korte beschrijving van de doelen en activiteiten van het project, onder meer afgeleid van de speerpuntbeschrijvingen);
- status (in idee-, onderzoeks- of ontwikkelingsfase): per project worden in principe drie fasen onderkend: de idee, onderzoeks- en ontwikkelingsfase. In de ideefase gaat het om nieuwe projecten waarnaar nog geen verder onderzoek is gedaan. In de onderzoeksfase (soms uitgevoerd door middel van een pilot) worden de concrete doelstelling, afbakening en de (sociale, organisatorische, technische en economische) haalbaarheid onderzocht. Het onderzoek kan leiden tot het uitvoeren van de ontwikkelingsfase: het project 'loopt';
- relaties met andere projecten (is er een directe afhankelijkheid of een indirecte afstemmingsrelatie met andere gedefinieerde projecten);
- risico's (in termen van doorlooptijd, kapitaalbeslag, politieke invloeden, schaarse kennis, aantal belangengroepen, rijpheid van de organisatie, aantal relaties met omgeving, ontbreken draagvlak, gebruik van nieuwe technologieën en conversie);
- belang (bijdrage aan doelen, strategie en kritische succesfactoren van de organisatie);
- verantwoordelijk van de manager en de projectleider;
- verwachte doorlooptijd (van zowel de onderzoeks- als de ontwikkelingsfase);

- begrote kosten (van zowel de onderzoeks- als de ontwikkelingsfase);
- benodigde capaciteit (van zowel de onderzoeks- als de ontwikkelingsfase).

Werkvormen en technieken

- *communicatietechnieken: groepsoverleg, workshop;*
- *creativiteitstechnieken: brainstormen, metaplan, toepassing van metaforen en/of Delphi-methode.*

• 2.10 •
De projectenportfolio

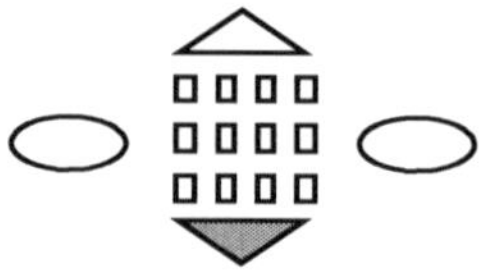

In de projectenportfolio wordt bepaald welke van de eerder onderkende kandidaat projecten ook daadwerkelijk uitgevoerd gaan worden. Daartoe vindt een confrontatie plaats van deze kandidaat projecten met de business-strategie zoals die in een paragraaf 2.3 is geformuleerd. Dit met als doel te komen tot een verdere groepering en prioriteitstelling van de projecten. Ook het opstellen van een implementatieplan behoort tot deze fase.

Resultaten

Resultaat van deze fase van business-informatieplanning is een portfolio van projecten met een bijbehorend implementatieplan. Basis daarvoor is het in de vorige paragraaf beschreven kandidaat-projectenoverzicht.
Uit dit kandidaatprojectenoverzicht zijn twee elementen van groot belang bij de prioriteitstelling: ten eerste de waarde van een pro-

ject voor de organisatie: de mate waarin het project bijdraagt aan het bereiken van de organisatiedoelen en strategie. In de tweede plaats de risico-inschatting van het project in termen van (technische, organisatorische en economische) haalbaarheid. Op basis van deze twee elementen, aangevuld met andere informatie uit het kandidaatprojectenoverzicht, kan het management komen tot een prioriteitstelling. Een lastig vraagstuk, omdat het abstractieniveau, de invloedsfeer en de ontwikkelingstermijn per project sterk kunnen verschillen.

Voorbeeld: openbaarvervoerder

Van de beschreven kandidaatprojecten zijn prioriteiten en afhankelijkheden vastgesteld. Op basis hiervan is een programma ontwikkeld met negen projecten, verdeeld over vier categorieën:

Back-office projecten
1. *quick-scanherontwerp van back-officeprocessen;*
2. *verbeteren van de besturing van processen en onderzoek naar toepasbaarheid workflowmanagementsysteem.*

Kanaal (font-office) projecten
3. *vernieuwing van de rol en functie van servicemedewerker;*
4. *professionalisering van het call center;*
5. *ontwikkeling van tweede-generatie-internetsite.*

Integratieprojecten
6. *ontwikkeling van een multi-channel verkoop- en service-informatiesysteem;*
7. *ontwikkeling van een toekomstvaste informatiearchitectuur;*

Randvoorwaardelijke projecten
8. *herijking van de organisatie van de informatievoorziening;*
9. *invoeren van een bedrijfsbrede technische infrastructuur en technische integratie back- en front-office.*

Activiteiten

Om vanuit het kandidaatprojectenoverzicht te komen tot de uiteindelijke portfolio kunnen diverse stappen genomen worden. Het is niet mogelijk om hierin een altijd geldende volgorde aan te geven. Ook zijn sommige stappen (bijvoorbeeld het volgen van de plateaubenadering) niet altijd nodig of gewenst. Afhankelijk van de situatie zullen dus de te volgen stappen en de daarbij te hanteren volgorde vastgesteld moeten worden.

Groepering van projecten

Om een eerste selectie te maken verdient het aanbeveling om de projecten uit het kandidaatprojectenoverzicht te groeperen naar de volgende clusters:

- Projecten die in de staande organisatie ondergebracht kunnen worden. Het betreft projecten waarvan de onderliggende speerpunten behoren tot de primaire taak van een afdeling of business unit, waarbij geen aparte sturing vanuit de directie nodig is en er geen extra resources noodzakelijk zijn. Vaak zijn de speerpunten tijdens de business-informatieplanning naar voren gekomen, maar is er geen reden om er een apart project voor op te zetten. Voorbeelden zijn 'productontwikkeling', 'inrichten van de ICT-organisatie', 'procesinrichting en administratieve organisatie' en de 'opzet van gegevensmanagement'.
- Randvoorwaardelijke projecten. Het betreft projecten die basisvoorzieningen en dus indirecte toegevoegde waarde leveren. Vaak is de realisatie van een aantal van deze projecten noodzakelijk voordat met de uitvoering van andere projecten begonnen kan worden. Voorbeelden zijn 'het realiseren van de technische infrastructuur', 'het opnemen van de Euro in processen en informatievoorziening' en 'het opstellen en invoeren van integraal beveiligingsbeleid'.
- Business/ICT-projecten. Het betreft bestaande en potentieel nieuwe projecten waarover prioritering dient plaats te vinden.

Plateauplanning

Om de randvoorwaardelijke en business/ICT-projecten logisch verder te kunnen clusteren kan gebruik worden gemaakt van plateauplanning. Daartoe wordt een aantal plateaus vastgesteld. Een plateau geeft aan op welk aandachtsgebied de organisatie zich met name wil richten gedurende een bepaalde periode. Aanleiding voor het toepassen van plateauplanning is het feit dat een organisatie niet alle projecten in één keer kan doen. Uiteraard zijn de plateaus sterk gerelateerd aan het strategisch kader. Door nu een aantal plateaus vast te stellen (met bijbehorende tijdshorizon) zet de organisatie het pad voor de komende jaren uit.

Voorbeeld: overheidsorganisatie

Een overheidsorganisatie heeft de volgende drie plateaus benoemd:
- *Plateau A: beheersing: behalen van een minimumkwaliteitsniveau (de komende twee jaar);*
- *Plateau B: back-office: interne logistiek en externe wendbaarheid (twee tot drie jaar);*
- *Plateau C: integratie front- en back-office/integraal omgevingsgedreven werken (drie tot vier jaar).*

Wanneer de plateaus verder uitgewerkt worden, kan een eerste logische verdeling (een soort van voorprioritering) van de projecten worden gemaakt. In elk plateau kunnen randvoorwaardelijke en business/ICT projecten voorkomen. Eindresultaat is een overzicht waarin plateaus met bijbehorende tijdshorizon zijn benoemd, waarbij voor elk plateau is aangegeven welke projecten (randvoorwaardelijk en business/ICT) binnen het plateau worden uitgevoerd.

Prioriteitstelling

Om de projecten (binnen een plateau, indien van plateauplanning gebruik wordt gemaakt) te prioriteren worden zij naar twee dimensies gewogen:

- het relatieve belang van het project voor de organisatie: de bijdrage aan missie, (politieke) doelen, strategie en KSF-en;
- het risico van het project, waarbij gekeken wordt naar de relatieve complexiteit en omvang van het project (in termen van doorlooptijd, kapitaalbeslag, politieke invloeden, benodigde kennis/capaciteit, gebruik van nieuwe technologieën, aantal relaties met de omgeving, rijpheid van de organisatie en aantal verschillende belangengroepen).

Op basis van de 'scores' van de projecten op deze dimensies kunnen prioriteiten gesteld worden, waarbij er vier groepen projecten ontstaan:

- relatief hoog belang, relatief laag risico: direct uitvoeren;
- relatief laag belang, relatief hoog risico: afvoeren;
- relatief hoog belang, relatief hoog risico: risico reduceren (bijvoorbeeld door opsplitsen of het inrichten van een proeftuin);
- relatief laag belang, relatief laag risico: uitvoeren indien middelen, tijd en capaciteit beschikbaar.

Implementatieplan

Nu van alle kandidaatprojecten de prioriteiten bekend zijn, kan een implementatieplan worden opgesteld. Van de uit te voeren projecten worden de start- en einddatum bepaald (tijdsplan), er wordt een plan opgesteld van de benodigde kennis en capaciteit (capaciteitsplan) en van de benodigde financiële middelen (investerings- en exploitatiebegroting). Er kan gekozen worden voor het direct uitvoeren van een project, maar ook voor het naar achteren schuiven van de startdatum, uitbesteding of het vergroten van het capaciteit- en middelenbeslag.

Overdracht aan de staande organisatie

De bevindingen uit het hele business-informatieplanningstraject en het doorlopen van het raamwerk moet worden overgedragen aan de staande organisatie. In ieder geval worden daarbij de volgende activiteiten uitgevoerd:

- opstellen van het eindrapport;
- presentateren van resultaten voor management, business units, ICT-afdeling en andere belanghebbenden;
- overdragen van inhoudelijke kennis met betrekking tot het business-informatieplan;
- overdragen van methodische kennis met betrekking tot het business-informatieplan;
- opzet van beheer en onderhoud van het business-informatieplan: het opstellen van procedures voor onderhoud en het opnemen van het business-informatieplan in de planning- en controlcyclus van de organisatie;
- inrichten van of afstemmen met programmamanagement (zie paragraaf 2.11).

Overigens kan het ook voorkomen dat nog voor de 'officiële' overdracht aan de staande organisatie plaatsvindt, er al een aantal projecten of activiteiten in gang gezet worden. Zo kan bijvoorbeeld al tijdens het business-informatieplanningstraject besloten worden om een vooronderzoek te starten naar een aantal mogelijke projecten. Belangrijk blijft daarbij natuurlijk dat dergelijke activiteiten passen in de lijnen die zijn uitgezet.

Werkvormen en technieken

- *projectbeheersing;*
- *besluitvormingstechnieken: Kepner en Tregoe, projectenportfolio en ontwikkelplateaubenadering;*
- *communicatietechniek: workshop.*

• 2.11 •
Programmamanagement

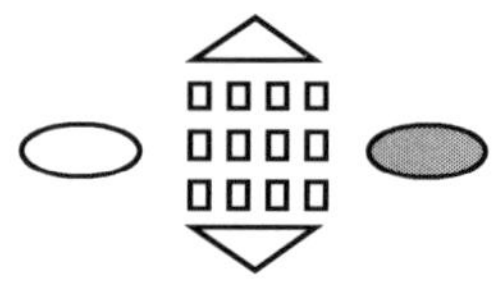

Uitvoering van de in het implementatieplan van het business-informatieplan beschreven projecten moet leiden tot realisatie van de doelen en strategie (en realisatie van de plateaus) van de organisatie. Het is van groot belang om deze uitvoering voortdurend te monitoren en bewaken, zowel inhoudelijk (worden de juiste doelen op de juiste wijze nagestreefd) als qua haalbaarheid (doorlooptijd, financiën, capaciteit). Hiervoor is het goed inrichten van de laatste fase van business-informatieplanning, programmamanagement, noodzakelijk.

Een andere aanleiding voor het inrichten van programmamanagement kan zijn dat vanwege het groeiend aantal (parallel verlopende) projecten inzicht en overzicht (gaan) ontbreken. Dit inzicht en overzicht is van belang omdat:

- inhoudelijke overlap tussen de projecten kan bestaan; het is niet efficiënt als er geen afstemming of hergebruik plaatsvindt;
- relaties tussen projecten niet of te laat onderkend worden. Een voorbeeld hiervan kan zijn dat een project afhankelijk of voorwaardelijk kan zijn van/voor een ander project;
- projecten putten uit eenzelfde pool van resources (bijvoorbeeld materiedeskundigen en automatiseringsmedewerkers). Voorkomen moet worden dat een medewerker voor 130% wordt ingezet op verschillende projecten. Tevens moet voorkomen worden dat getrokken wordt aan resources door verschillende opdrachtgevers en/of projectleiders;
- de organisatie ruimte wil behouden voor andere (onvoorziene/noodzakelijke) randvoorwaardelijke, business- en ICT-projecten.

Resultaten

Het resultaat van programmamanagement is het op een hoog niveau in de organisatie sturen van de totale portefeuille aan projecten. Dit met het oog op effectieve inzet van tijd, budget en mensen. Het programma zal alle (randvoorwaardelijke, business- en ICT-) projecten bevatten. Het programma zelf zal aan verandering onderhevig zijn, omdat het periodiek aan de actualiteit bijgesteld zal moeten worden. Bijstellingen zijn bijvoorbeeld nodig als gevolg van nieuwe goedgekeurde projecten, vertragingen in één of meer projecten, externe invloeden of knelpunten in resources. Het programma geeft het management op elk gewenst moment inzicht in:

- lopende projecten en hun voortgang;
- afgeronde of af te ronden projecten;
- resourcebeslag: interne, externe en tijdelijke medewerkers;
- het totale projectenbudget en de aanwending daarvan.

Voorbeeld: openbaarvervoerder

Ten behoeve van de sturing op de geformuleerde projecten is programmamanagement ingevoerd: spelregels, afspraken en tools om de projecten in samenhang te kunnen managen. Van elk project wordt een opdrachtgever (lijnmanager) en opdrachtnemer (projectmanager) benoemd. De opdrachtgevers stellen projectopdrachten (conform een standaard format) en projectmanagers een projectplan op. Er worden afspraken en procedures vastgesteld m.b.t.:

- *overleg tussen opdrachtgevers en projectmanagers;*
- *toetsing van projectplannen en projectresultaten op de in het business-informatieplan beschreven architecturen;*
- *maandelijkse voortgangsrapportage;*
- *inzet van in/externe medewerkers;*
- *financiële planning en control;*
- *gemeenschappelijke inkoop;*
- *inhoudelijke raakvlakken tussen de projecten;*
- *besluitvorming en escalatie.*

Over de projecten heen wordt een programmamanager aangesteld als 'assistent-to' van de directie. Het architectuurproject ondersteunt de programmamanager bij de inhoudelijke coördinatie.

Activiteiten

Formuleren uitgangspunten programmamanagement

Allereerst dienen een aantal relevante uitgangspunten ten aanzien van de inrichting van programmamanagement geformuleerd te worden. Deze uitgangspunten hebben betrekking op de volgende onderwerpen:

- de benoeming van formele opdrachtgevers en opdrachtnemers van projecten;
- het formeel benoemen van de functie 'programmamanagement';
- het onderbrengen van deze functie (apart of onderbrengen bij een bestaande functie zoals bij een bedrijfsbureau of bij een afdeling Informatiemanagement);
- procedures met betrekking tot de opzet en inrichting van projecten (fasering, mijlpalen);
- procedures met betrekking tot de besluitvorming over projecten (wie beslist, wie is betrokken en op welke wijze?).

Benoemen van taken van het programmamanagement

De taken van de functie programmamanagement zijn bijvoorbeeld:

- het beheren van de projectenportfolio; in de portfolio zijn belang, risico's, samenhangen en resources opgenomen;
- het bewaken van relaties en het behalen van synergie tussen projecten;
- het periodiek valideren van projecten en projectresultaten;
- het voorbereiden van besluitvorming over potentieel nieuwe projecten;
- consolidatie van projectrapportages en adviseren van het management;
- informeren van projecten over in- en externe ontwikkelingen;
- regie bij het onderhouden van het business-informatieplan.

Positioneren van programmamanagement

Gelet op de taken moet programmamanagement gezag hebben

binnen de organisatie (vanuit de kennis van de inhoud van de projecten, van de organisatie en van projectmanagement) met 'in de rug' de autoriteit van de directie. Programmamanagement wordt daarom bij voorkeur direct onder de directie gepositioneerd. De programmamanager kan een directielid zijn (bijvoorbeeld met ICT in de portefeuille), maar ook een aparte functionaris.

Ontwikkelen van instrumenten voor programmamanagement
Programmamanagement dient te beschikken over een aantal praktisch werkbare instrumenten om de functie goed uit te kunnen voeren. Hierbij kan gedacht worden aan:

- een informatiesysteem voor multiprojectmanagement;
- een instrument voor de beoordeling van projecten (zoals toepassing van information economics);
- een kwaliteitsraamwerk voor projectmanagement;
- een toolbox met standaarden voor projectopdrachten, projectplannen en rapportagemodellen;
- een standaardmethode voor projectmanagement;
- een periodiek projectleidersoverleg;
- een planning- en controlcyclus die past in de bestaande planning- en controlcyclus (zie figuur 2.8).

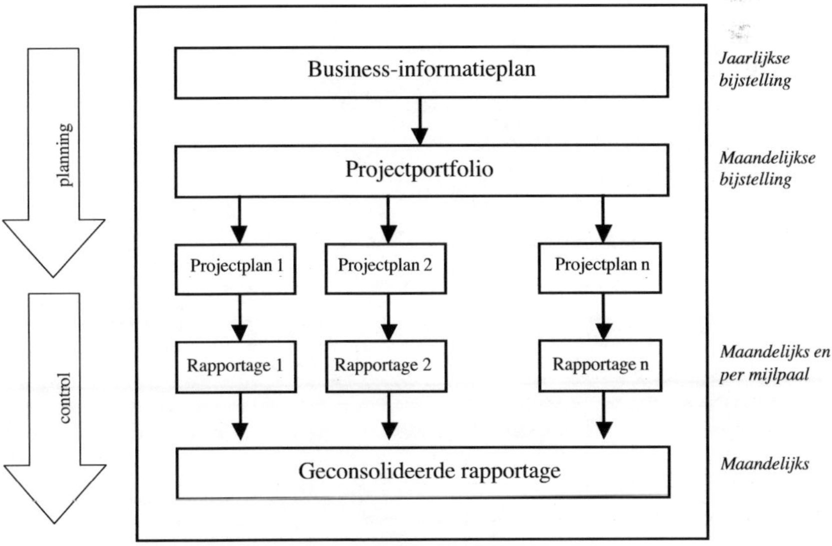

Figuur 2.8

Werkvormen en technieken

- *projectbeheersing;*
- *besluitvormingstechnieken: Kepner en Tregoe, projectenportfolio en ontwikkelplateaubenadering.*

• 3 •

Methoden, technieken en werkvormen

In dit hoofdstuk wordt nader ingegaan op de 'gereedschapskist' van de betrokkenen bij business-informatieplanning (managers, adviseurs, architecten, materiedeskundigen): te gebruiken methoden, technieken en werkvormen bij het ontwikkelen van een informatiestrategie. Het hoofdstuk bevat een aantal relevante technieken ter illustratie; het is echter niet bedoeld als volledige opsomming. Er worden gereedschappen beschreven die behulpzaam zijn bij de volgende onderwerpen:

- projectbeheersing in termen van geld, projectorganisatie, tijd, informatie en kwaliteit;
- bedrijfsanalyse en strategische planning: de SWOT-analyse (sterkten/zwakten en kansen/bedreigingen), de omgevingsanalyse volgens Porter, de kerncompetenties van Prahalad en Hamel en de identificatie van kritische succesfactoren (Balanced Scorecard methode en KSF-analyse);
- technieken voor product- en marktanalyse: Boston portfoliomanagement en Kotler 4-C-benadering;
- technieken voor besturings- en procesanalyse: besturingsanalyse, waardeketenanalyse volgens Porter, IPO-procesanalyse en informatielogistiek;
- informatieanalyse: gegevensanalyse, ISAC, matrix- en clustertechnieken;

- besluitvormingstechnieken: de Kepner en Tregoe-techniek, projectenportfolio en ontwikkelplateaubenadering;
- communicatietechnieken: groepsoverleg, workshop, interviewen en enquêteren;
- creativiteitstechnieken: brainstormen, mindmapping, toepassing van metaforen en de Delphi-methode.

Van de methoden, technieken en werkvormen worden het doel en de werkwijze kort behandeld. Daarnaast worden nuttige hints gegeven voor de toepassing ervan en wordt verwezen naar naslagwerken. Een uitgebreide literatuurlijst is opgenomen in bijlage 4.

De beschreven methoden, technieken en hulpmiddelen vormen geen doel op zich, maar zijn hulpmiddelen die ingezet kunnen worden bij het bereiken van de resultaten uit hoofdstuk 2. De keuze welke gereedschappen gebruikt kunnen worden, wordt niet voorgeschreven: het is de taak van de betrokkene die hulpmiddelen te kiezen die optimaal aansluiten bij de actuele situatie en behoefte. Het uiteindelijke resultaat van een activiteit is immers belangrijker dan het instrument dat hiervoor wordt ingezet.

• 3.1 •
Projectbeheersing

Doelstelling van projectmanagement is het beheersen van de aspecten geld, organisatie, tijd, informatie en kwaliteit (GOTIK) van een project zodanig dat aan de in de projectopdracht aangegane verplichtingen wordt voldaan.

Geld

Business-informatieplanning kost geld: capaciteit en energie van management en medewerkers in een organisatie, begeleiding door een in- of externe adviseur en inzet van business- en informatieanalisten en -architecten. Net als ieder project worden de totale begrote kosten van tevoren (in de verkenningsfase) zichtbaar gemaakt. De kosten worden uitgezet tegen de verwachte baten. Periodiek wordt aan de opdrachtgever gerapporteerd over de realisatie ten opzichte van de oorspronkelijke begroting.

Organisatie

Een projectorganisatie voor uitvoering van business-informatieplanning kan uit de volgende onderdelen bestaan (zie figuur 3.1):

- stuurgroep;
- projectgroep;
- werkgroep;
- toets- of klankbordgroep.

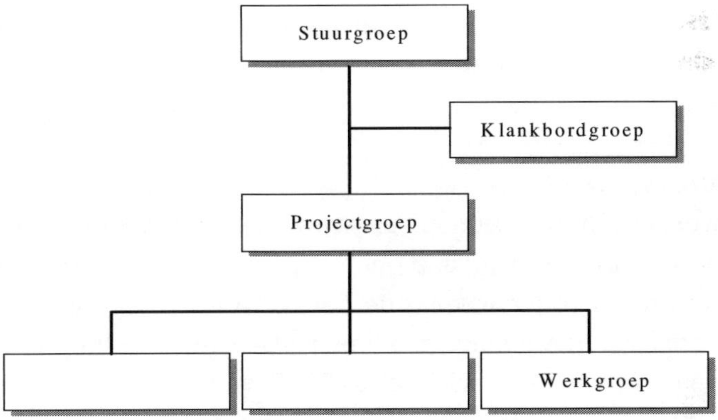

Figuur 3.1 Projectorganisatie

Stuurgroep

In de stuurgroep zijn in elk geval het (top)management en de informatiemanager vertegenwoordigd. Taken van de stuurgroep zijn opdrachtformulering, directe opdrachtbewaking, menings- en besluitvorming over inhoudelijke onderwerpen en beoordelingen van de diverse (tussen)resultaten. Ook dient de stuurgroep zorg te dragen voor voldoende resources (in termen van mensen en middelen) om het project te kunnen (blijven) uitvoeren.

Projectgroep
De projectgroep is samengesteld uit een projectleider, een organisatie- en informatieadviseur, één of meer business- en informatieanalisten en/of architecten en materiedeskundigen uit de organisatie. De projectgroep bereidt de besluiten van de stuurgroep voor. De analist/architect verricht een groot deel van de analyseactiviteiten en vertaalt deze naar de gewenste modellen en specificaties. De projectleider zorgt voor de projectbeheersing en legt verantwoording af aan de stuurgroep. Vaak voert hij de initiërende activiteiten uit (verkenning, teamsamenstelling). Voor de taken en rol van de business-informatieplanningadviseur wordt verwezen naar hoofdstuk 1. De secretariële taken (notuleren, projectarchief beheer, correspondentie, vergaderplanning) kunnen worden toegewezen aan een projectmedewerker als deeltaak of aan een afzonderlijke (deeltijd)functionaris.

Werkgroep(en)
Een werkgroep is optioneel en werkt een bepaald deelprobleem, waarvoor in de projectgroep geen capaciteit en/of kennis aanwezig is, in detail uit (bijvoorbeeld de keuze van een technisch platform en standaards in de nabije toekomst). De samenstelling is afhankelijk van de opgelegde taak. De 'trekker' van de werkgroep is vertegenwoordigd in de projectgroep en communiceert over de resultaten en de voortgang.

Toets- of klankbordgroep
Ook een toets- of klankbordgroep is optioneel; vaak fungeert de stuurgroep al als zodanig. Een toetsgroep valideert de tussenresultaten uit het project en geeft aan in hoeverre de achterban in de organisatie zich hierin kan vinden. Zowel de materiedeskundigen als het management zullen in de toetsgroep vertegenwoordigd zijn.

Tijd

Business- en informatieplanning wordt gefaseerd uitgevoerd: eerst vindt de verkenning plaats, daarna de beleids-, model- en besluitvorming en tot slot het programmamanagement. Met name tijdens de beleids-, model- en besluitvorming kan een nadere fasering gewenst zijn. De beschikbaarheid en duidelijkheid van analyse-elementen uit het raamwerk bepalen in hoofdzaak welke aandacht en tijd nodig is voor welke facetten. Deze worden in de verkenning vastgesteld.

Doorlooptijd
De doorlooptijd van het project vormt een kritische succesfactor. Deze zal begrensd zijn tot maximaal vier maanden (bij wijze van spreken: liever 80% in drie maanden dan 100% in een halfjaar). Bij dreigende uitloop zal, in overleg met de opdrachtgever, gekozen worden voor verdere prioriteitstelling binnen de activiteiten. Het project dient als een time-box te worden gezien. Aspecten die onvoldoende aan bod komen maar toch van belang zijn kunnen via een onderzoeksprojectvoorstel terugkomen in de portfolio. Merk op dat de timing van een business- en informatieplantraject niet rigide hoeft te zijn; het is mogelijk om bepaalde urgente besluiten reeds tijdens het traject te nemen en te starten (bijvoorbeeld een pilot met innovatieve ICT, aanzet reorganisatieplan ICT-afdeling, enzovoort).

Informatie
De gevolgen van business-informatieplanning zijn voor een groot deel van de organisatie merkbaar. Een goede tweezijdige communicatie met alle lagen van de organisatie is daarbij het enige middel om de daadwerkelijke acceptatie van het plan te bereiken. Vanaf de aanvang tot en met de afsluiting van het project worden de medewerkers op regelmatige tijdstippen op de hoogte gebracht van doel, status en gevolgen van de werkzaamheden, bijvoorbeeld via nieuwsbrieven of afdelingsbijeenkomsten. Analoog wordt informatie uit de organisatie verzameld ten behoeve van de uit te voeren analyses en de toetsing van tussenproducten. Actieve inbreng en dialoog zijn daarbij gewenst. Merk op dat de verantwoordelijkheid van het lijn- en informatiemanagement om hier zelf een actieve rol te spelen niet kan worden gedelegeerd naar de adviseur.

Kwaliteit

De kwaliteitsbewaking gebeurt enerzijds op basis van een controle op de ingangskwaliteit van mensen en middelen. Daarnaast zal een kwaliteitstoets op (tussen)resultaten nodig zijn. De projectmedewerkers zullen de vakinhoudelijke kwaliteit borgen. Het reeds beschreven raamwerk kan hierbij behulpzaam zijn. De stuurgroep en/of klankbordgroep zullen daarnaast als afnemer hun kwaliteitsoordeel geven.

Hints bij de uitvoering

- *Business-informatieplantrajecten worden meestal als een projectmatige activiteit uitgevoerd. Indien een organisatie voor de eerste maal kennis maakt met business-informatieplanning is dit ook een voor de hand liggende keuze. Na zo'n eerste ervaring is het van belang om bijgestelde business-informatieplannen in de normale planning- en controlcyclus op te nemen. Dan zal er geen sprake meer zijn van een (omvangrijke) projectorganisatie, maar van periodiek onderhoud (in het kader van planning en control en bij grote strategische wijzigingen).*
- *In het projectteam zullen medewerkers deelnemen van het bedrijf(sonderdeel) waarvoor business-informatieplanning wordt uitgevoerd, niet alleen vanwege de benodigde materiekennis, maar ook voor de acceptatie van het plan. In de praktijk komen nog te veel projectgrepen voor die een geheel 'externe' samenstelling hebben.*
- *Bij business-informatieplanning is een strakke planning moeilijk omdat tijdens het traject accenten verschoven kunnen worden door de stuurgroep. Toch is het zaak om de projectplanning zo goed mogelijk uit te voeren en waar nodig bij te stellen.*
- *Plan alle stuurgroepvergaderingen van tevoren, bijvoorbeeld eenmaal per maand. Spreek als adviseur/projectleider de stuurgroepvergaderingen van tevoren door met de voorzitter.*
- *Organiseer een 'kick-off', waarin de neuzen voor de business-informatieplanning gericht worden.*

• 3.2 •
Technieken voor bedrijfsanalyse en strategische planning

Bij de start van business-informatieplanning is een heldere visie van het management op de doelen en strategie van de organisatie nodig. Soms is deze visie onvoldoende aanwezig of niet expliciet op papier gezet. Er zijn diverse methoden en technieken beschikbaar voor het in kaart brengen van de actuele bedrijfsdoelen en -strategie. Zij kunnen gebruikt worden ter ondersteuning van het management bij het alsnog formuleren van het strategische kader. De adviseur kan waar nodig assisteren. De volgende instrumenten worden kort behandeld:

- SWOT-analyse (Strenghts, Weaknessses, Opportunities and Threats);
- omgevingsanalyse volgens Porter;
- kerncompetenties volgens Prahalad en Hamel;
- analyse van kritische succesfactoren (Balanced Score Card-methode en KSF-zoekmethode).

De genoemde methoden en technieken sluiten elkaar niet uit. Integendeel, vaak zal een gecombineerd gebruik de meeste vruchten afwerpen.

SWOT-analyse

Doel
Het verwerven van inzicht in (interne) sterkten en zwakten van een organisatie en (externe) kansen en bedreigingen uit de omgeving.

Werkwijze
Een SWOT-analyse wordt vaak gestart in een groepssessie (bijvoorbeeld met een brainstormtechniek, zie paragraaf 3.8). Daarna vindt verdere structurering plaats om tot een eindoordeel te komen van de SWOT-factoren en de mogelijk eruit voortvloeiende (verander)-acties. Deze acties zijn erop gericht om sterke punten verder te versterken en zwakke factoren te elimineren, omgevingskansen te benutten en omgevingsbedreigingen (bijvoorbeeld de concurrent of de regelgevende overheid) te beïnvloeden.

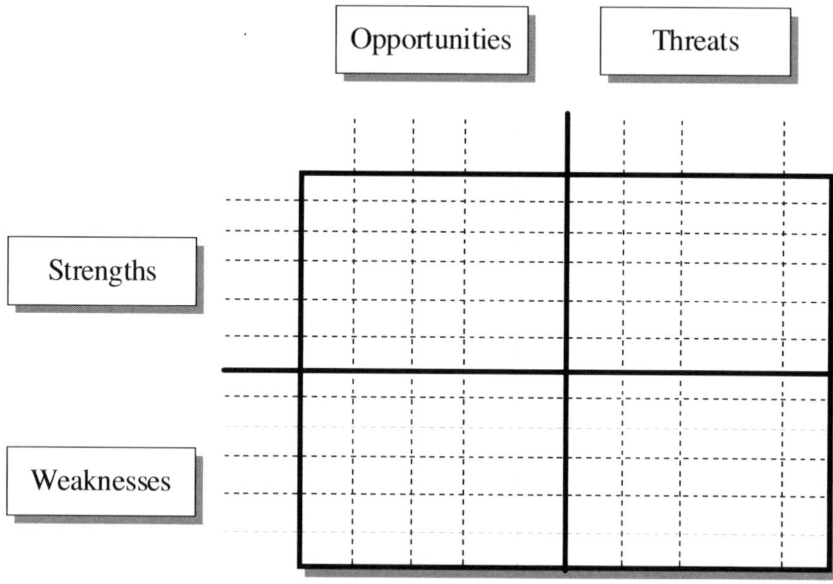

Figuur 3.2 SWOT-analyse

Om van de SWOT-analyse te komen tot de formulering van doelstellingen dienen de sterkten en zwakten afgezet te worden tegen de kansen en bedreigingen en moet door het management de vraag beantwoord worden hoe zij elkaar beïnvloeden. Met andere woorden: hoe kan de organisatie ervoor zorgen dat zij haar sterke punten aanwendt om bepaalde kansen te verwezenlijken? Welke maatregelen moet zij nemen om ervoor te zorgen dat de zwakke punten het benutten van de kansen niet in de weg staan? Hoe kan de organisatie haar sterke punten inzetten om met de bedreigingen om te gaan? En – tot slot de meest ingewikkelde – wat moet zij doen om te zorgen dat de zwakke punten er niet toe leiden dat de bedreigingen werkelijkheid worden?

SWOT-factoren moeten zoals gezegd door het management worden vastgesteld, evenals de hieruit af te leiden strategische keuzen en concrete doelen. De SWOT-analyse levert daarnaast wezenlijke input voor de bepaling van kritische succesfactoren.

Omgevingsanalyse volgens Porter

Doel

Het bepalen van de plaats van de organisatie in de waardeketen en het inschatten van de rol in het krachtenspel met de omgeving.

Werkwijze

Michael Porter heeft een raamwerk ontwikkeld waarin vijf omgevingskrachten van een onderneming worden beschreven:

- de onderhandelingsmacht van afnemers;
- de onderhandelingsmacht van leveranciers;
- de dreiging van de intrede van nieuwkomers in de markt;
- de introductie van nieuwe producten/diensten als vervanging van bestaande;
- de competitie met de naaste concurrenten in de bedrijfstak.

Daarnaast maakt Porter gebruik van het 'value chain'-raamwerk (zie ook paragraaf 3.4), waarin de toegevoegde-waardeketen van een organisatie met betrekking tot haar omgeving wordt weergegeven. Porter beschrijft verschillende mogelijke strategieën om te reageren op de diverse markt/concurrentiesituaties, zowel voor afzonderlijke organisaties als voor bedrijfstakken. Door het Porter-raamwerk op een organisatie toe te passen kan de plaats van de organisatie tot de omgeving worden bepaald en de mogelijke (anticiperende) strategie worden vastgesteld.

Bepalen van kerncompetenties

Doel

Het bepalen van de kerncompetenties van een organisatie en vervolgens het verder ontwikkelen van bestaande en verkrijgen van aanvullende kerncompetenties.

Werkwijze

Waar Porter vooral van buiten naar binnen kijkt (external based), kijken Gary Hamel en C.K. Prahalad van binnen naar buiten en nemen in plaats van de markt het eigen kunnen (en kennen) van de onderneming als uitgangspunt (resource based). Belangrijke aspecten bij het denken in kerncompetenties zijn volgens Prahalad en Hamel de strategische intentie (een ambitieus doel hebben), de strategische architectuur (het verwerven van nog niet aanwezige en het verder uitbuiten van bestaande competenties) en het onder druk zetten van de organisatie om het doel te bereiken. Dit alles om, zoals Prahalad en Hamel het omschrijven, als eerste in de toekomst aan te komen. Basisvoorwaarde bij het toepassen van het concept van kerncompetenties is dat de organisatie kan participeren in de ontwikkeling van dominante technologie. Bovendien dient de top van de organisatie een dominante rol te spelen in de strategievorming en dient zij de portefeuille met kerncompetenties te beheren.

Een methode om kerncompetenties te bepalen ontbreekt. In de praktijk blijkt het niet moeilijk om de competenties van een organisatie te bepalen, maar wel om hieruit de unieke ofwel *kern*competenties bepalen. Kerncompetenties zitten vaak diep in de onderneming verborgen en dienen uniek te zijn ten opzichte van andere organisaties.

KSF-analyse

Doel

Het verwerven van inzicht in die factoren die van essentieel belang zijn voor het bereiken van een beoogd resultaat en daarmee voor het succes van de betreffende organisatie. In het kader van business-informatieplanning vormen de KSF-en een belangrijk aanknopingspunt voor afstemming van de organisatiedoelen op de doelen van de informatievoorziening. Zo kunnen ze worden gebruikt om focus en keuzen in de projectenportfolio te bepalen, maar ook bij de architectuurbepaling (inrichting business en ICT) kunnen ze als ontwerpvariabelen een rol spelen.

Werkwijze 1 (Balanced Score Card)

Voor het bepalen van KSF-en zijn meerdere methoden ontwikkeld. Een ervan is het KSF-zoekmodel (zie werkwijze 2). Een andere, duidelijk gestructureerde en overzichtelijke methode bij de definitie van KSF-en is de 'Balanced Score Card'-methode (BSC). De BSC is geschikt voor het ontwikkelen van een consistente strategie en het richten van alle activiteiten op de strategie. De kern is een vertaling van de missie en visie in meetbare zoekvelden. De BSC hanteert vier perspectieven, die kunnen worden vertaald in concrete vragen:

- Klantperspectief: hoe zien klanten/belanghebbenden de organisatie?
- Intern perspectief: wat is de toegevoegde waarde van de belangrijkste bedrijfsprocessen en op welk gebied moeten de prestaties en processen verbeterd worden?
- Innovatief/lerend perspectief: hoe kan de organisatie innoveren, blijven leren en verbeteren?
- Financieel perspectief: hoe zien de aandeelhouders/budgetverstrekkers de organisatie?

Het is overigens mogelijk om ook andere perspectieven te gebruiken. De nadruk bij de BSC ligt op de balans tussen de perspectieven. De link tussen strategie en meten wordt gelegd door vanuit de visie de perspectieven in te vullen met kritische succesfactoren en daarbij behorende kwantificeerbare prestatie-indicatoren.

Werkwijze 2 (KSF-zoekmodel)

Naast de Balanced Score Card-methode (zie werkwijze 1) is een ander nuttig hulpmiddel bij het opsporen van KSF-en het zogenaamde KSF-zoekmodel (zie figuur 3.3). Dit model is gebaseerd op het gegeven dat de aandacht van het management in wezen gericht is op vier vormen van afstemming:

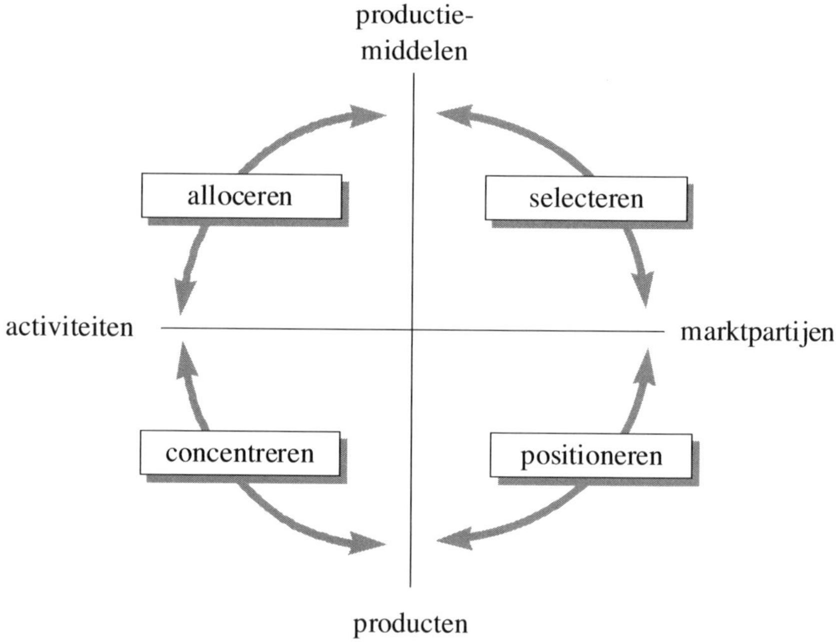

Figuur 3.3 Het KSF-zoekmodel

- *positioneren:* afstemmen van producten op de wensen van de klant, ontwikkelingen in de markt, de eisen van de overheid en alle relevante stakeholders;
- *concentreren:* afstemmen van de activiteiten op die producten die door de markt worden gevraagd;
- *alloceren:* afstemmen van de in te zetten productiemiddelen, kennis en personeel op de uit te voeren activiteiten;
- *selecteren:* afstemmen van de behoefte aan personeel, kennis en middelen op de beschikbaarheid ervan op de markt.

Het model heeft de vorm van een kruis met op de assen respectievelijk 'marktpartijen', 'producten', 'activiteiten' en 'productiemiddelen'. Door het kruis worden vier kwadranten gevormd die corresponderen met de genoemde vier afstemmingsvraagstukken. Per kwadrant, te beschouwen als een matrix, wordt in kaart gebracht welke onderwerpen de meeste aandacht hebben van het management. Per cel uit de matrix wordt een SWOT-analyse uitgevoerd. Nadat aandachtig alle aandachtsgebieden in kaart zijn gebracht worden via een proces van clustering, selectie en evaluatie uiteindelijk de aandachtsgebieden met de hoogste prioriteit afgeleid. Voor deze aandachtsgebieden worden de KSF-en geformuleerd. Merk op dat de vier kwadranten zowel afzonderlijk als in samenhang moeten worden beschouwd. Zo kan een kans in het positioneringskwadrant wellicht alleen worden benut door in het concentratiekwadrant bepaalde activiteiten te verbeteren, waarvoor in de overige twee kwadranten de middelen moeten worden gealloceerd en geselecteerd.

Hints bij de uitvoering

- *Probeer eerst in een brainstormsessie zoveel mogelijk SWOT-factoren te benoemen. Ga daarna clusteren en selecteren zodat de belangrijkste 10 (maximaal) factoren overblijven.*
- *KSF-en kennen een beperkte geldigheidsduur omdat mensen en (organisatie)situaties veranderen. KSF-bepaling is dus geen eenmalige actie.*
- *Het formuleren van KSF-en is alleen zinvol indien ze toetsbaar worden gemaakt via indicatoren en normen. Hieruit is namelijk af te leiden wat de mate van succes of mate van kritisch-zijn is.*
- *Beperk het aantal te formuleren KSF-en, bijvoorbeeld tot zeven stuks.*
- *Werk, bij gebruikmaking van het zoekmodel, van buiten naar binnen; begin bij het kwadrant 'marktpartijen versus producten' (PMC's) en doorloop vervolgens kloksgewijs de andere kwadranten.*
- *De ervaring leert dat vooraf voldoende aandacht besteed moet worden aan het definiëren van de assen van het KSF-zoekmodel. Met name een helder en gemeenschappelijk beeld van de te onderkennen producten en markten is van groot belang.*

• 3.3 •
Technieken voor product- en marktanalyse

BCG portfoliomanagement

Doel
Inzicht krijgen in de winstgevendheid van de productenportfolio en ontwikkelen van mogelijke strategieën om de productenportfolio te managen.

Werkwijze
De Boston Consulting Group (BCG) heeft een matrix ontwikkeld, waarin op de verticale as de marktgroei is geplaatst en op de horizontale as het relatieve marktaandeel (figuur 3.4). De marktgroei is de jaarlijkse groeiratio van de markt(en) waarin de onderneming opereert. Het relatieve marktaandeel geeft weer wat het marktaandeel (of de marktaandelen) van de onderneming is (zijn) ten opzichte van de grootste concurrenten. In de matrix kunnen de verschillende zaken worden gepositioneerd: de business units van de onderneming, de productgroepen die de onderneming voert, maar ook 'losse' producten.

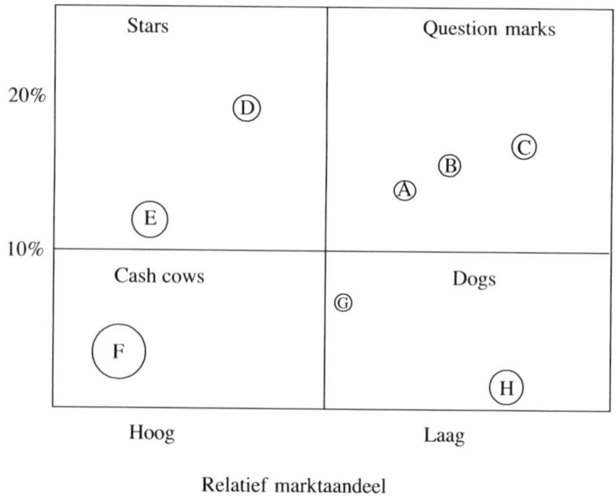

Figuur 3.4 BCG-matrix

De matrix is in vier gebieden verdeeld:

- *Question marks:* dit zijn business units of producten die zich bevinden in een markt met veel groei maar een relatief klein marktaandeel. Zij kosten veel geld, immers de business unit moet mee met de zich snel ontwikkelende markt en wil uiteindelijk een groter marktaandeel verwerven. In bovenstaand voorbeeld heeft de onderneming drie question marks. Het risico is groot dat er te veel geld gestoken wordt in de drie verschillende producten. Het is wellicht een beter idee om de aandacht en de middelen te concentreren op een of twee Question marks.
- *Stars:* een star is marktleider in een snel groeiende markt. Dat betekent overigens niet dat een Star altijd geld opbrengt. De onderneming moet veel geld investeren om in deze aantrekkelijke markt marktleider te blijven. Vaak zijn de Stars de toekomstige Cash cows van de onderneming. Wanneer een onderneming geen Stars heeft, moet zij zich zorgen maken.
- *Cash cows:* als de jaarlijkse marktgroei beneden de 10% komt en de onderneming is marktleider, dan spreken we van een Cash cow. Dit product (of deze business unit) genereert veel geld voor de onderneming. Aan de andere kant kost het de onderneming relatief weinig en profiteert zij (vanwege haar marktleiderschap) van schaalvoordelen. De onderneming gebruikt haar Cash cows om de Stars, de Question marks en de Dogs te financieren.
- *Dogs:* een Dog heeft een relatief laag marktaandeel en bevindt zich in een markt waar weinig groei meer inzit. Soms genereren Dogs nog wat geld, maar van veel belang zijn ze vaak niet (meer). De onderneming moet zich afvragen of ze de Dogs niet zal afstoten.

In de loop der tijd veranderen business units of producten van positie in de matrix. Succesvolle producten beginnen hun leven als Question mark, worden een Star, een Cash cow en eindigen ten slotte als Dog. Deze levenscyclus is de reden dat ondernemingen bij het analyseren van hun producten en markten niet alleen kijken naar de huidige positie, maar ook rekening houden met toekomstige posities.

Kotler: bepalen van de marketing mix nieuwe stijl

Doel

De theorie van Kotler is breed bekend geworden onder de term 'marketingmix' of 'de 4 P's'. Hiermee geeft Kotler de marketingeigenschappen aan die een organisatie moet bepalen: product, price, place en promotion. De afgelopen tientallen jaren is het model verder verfijnd (met meer P's) en veelvuldig toegepast. Recent heeft Kotler het model echter drastisch aangepast aan de tijdgeest. Het 4P-model is gebaseerd op de 'push-economie' waarin leveranciers bepalen wat en onder welke condities wordt geleverd. De economie vertoont echter steeds meer een 'pull'-karakter door toenemende informatietransparantie en algemene ontwikkeling van consumenten. Het 4C-model geldt zowel in business-to-consumer-situaties (bijvoorbeeld directe verkoop van verzekeringen via telefoon of internet) als in business-to-business-situaties (bijvoorbeeld verkoop van verzekeringen via assurantietussenpersonen).

Werkwijze

Kotler introduceert daartoe het 4C-model. Van de producten en diensten worden de belangrijkste 'marketingeigenschappen' in kaart gebracht, redenerend 'van buiten naar binnen':

1. *Cost to the user* (voorheen Price): inspanning – niet alleen in termen van verkoopprijs – die afnemer moet plegen om het product/dienst te verkrijgen; bijvoorbeeld indien grote tijd, afstand en/of moeite nodig is om het product te verkrijgen dan is de 'kale' prijs minder bepalend.
2. *Convenience* (voorheen Place): het gebruiksgemak van het product en de dienstverlening; zijn het product en de dienstverlening eromheen klantgericht, gemakkelijk, vlot en helder ingericht?
3. *Customer needs en wants* (voorheen Product): wat vindt de afnemer dat hij nodig heeft; in hoeverre zijn het product en de dienstverlening toegesneden op de specifieke maatwerkbehoeften van de individuele klant?

4. *Communication* (voorheen Promotion): de tweeweginteractie met de afnemer; momenteel is niet alleen van belang dat de organisatie haar afnemers vertelt hoe goed het product is, maar dient ook de feedback over de dienstverlening en het product te worden georganiseerd; niet alleen in de front-office maar geïntegreerd in de totale bedrijfsvoering (bijvoorbeeld ter verbetering van performance van de back-office).

Het Kotler 4C-model kan worden toegepast op een totale productenportfolio, op het niveau van productgroepen of per product, evenals op afzonderlijke dienstverlening of servicing rondom een product. Belangrijk is om steeds de focus van buiten naar binnen te richten. In de praktijk hebben veel managers en medewerkers in organisaties hier grote moeite mee. De support door een adviseur en marketingdeskundigen binnen of buiten de organisatie is dan ook van groot belang om deze methode kwalitatief toe te passen. De resultaten zijn echter voor de meeste deelnemers altijd verrassend en vernieuwend en kunnen een goede start zijn om goede performance-indicatoren te ontwikkelen voor de bedrijfsprocessen die deze 4 C's ten slotte moeten waarmaken.

• 3.4 •
Technieken voor besturings- en procesanalyse

In deze paragraaf wordt een aantal methoden en technieken voor besturings- en procesanalyse behandeld. Zij hebben als doel het analyseren en modelleren van de bedrijfsvoering en vormen de basis voor de modellering van de informatievoorziening.

Besturingsanalyse

Doel
Inzicht in de wijze waarop de processen en de samenhang tussen de processen bestuurd worden (wie bestuurt wat en welke besturende maatregelen zijn er?).

Werkwijze
De Leeuw heeft een model (besturingsparadigma) ontwikkeld dat wordt gebruikt om een besturingssituatie weer te geven (figuur 3.5). Elk niveau in een organisatie wordt bestuurd door een ander niveau. Dit hoeft niet een hoger *hiërarchisch* niveau in de organisatie te zijn. Het is bijvoorbeeld goed denkbaar dat de afdeling verkoop de afdeling productie aanstuurt.

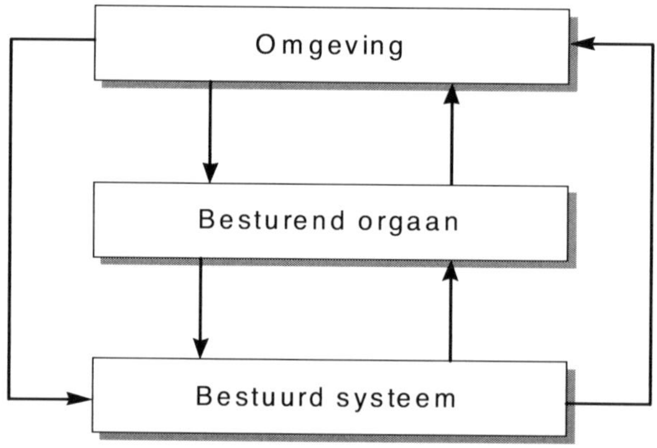

Figuur 3.5 Besturingsmodel van De Leeuw

De besturing geschiedt middels planning- en controlactiviteiten. Hiertoe heeft het naasthogere niveau gegevens (prestatie-indicatoren, kengetallen en dergelijke) nodig over hoe een lager niveau functioneert. Ook kan het hogere niveau (indien gewenst) stuurgegevens naar 'onder' doorgeven (doelstellingen, normen en dergelijke). De Leeuw verdeelt de besturing in een besturend orgaan, een bestuurd systeem en de omgeving. Het bestuurde systeem heeft een doel in termen van de omzetting van gedefinieerde input naar output. Om verstoringen in het bestuurde systeem te kunnen beïnvloeden beschikt het besturend orgaan over stuurmaatregelen en over informatie met betrekking tot de toestand van het bestuurde systeem. Het besturend orgaan onderhoudt verder relaties met de omgeving: het onttrekt informatie aan de omgeving en tracht deze te beïnvloeden.

In de praktijk kunnen meerdere besturingssituaties bestaan, die hiërarchisch zijn verbonden; voor de duidelijkheid kunnen die het beste afzonderlijk worden weergegeven.

Procesanalyse

Doel
Het in kaart brengen van de belangrijkste (primaire) processen van de organisatie in hun onderlinge samenhang.

Verschillende methoden en technieken kunnen worden gebruikt bij het modelleren van processen. In deze paragraaf wordt kort een aantal werkwijzen behandeld.

Werkwijze 1 (waardeketen)

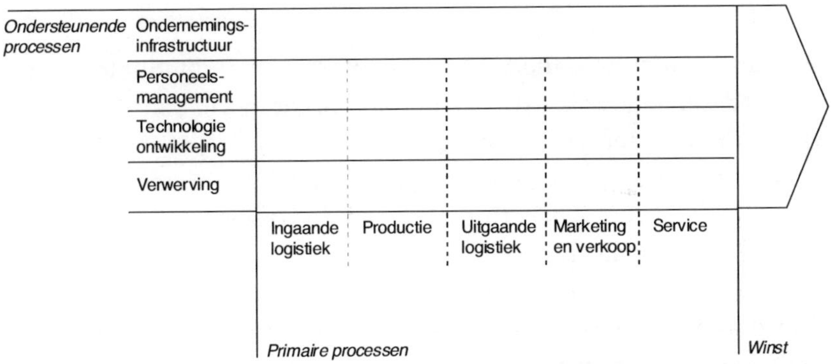

Figuur 3.6 Value chain van Porter

De onderneming kan volgens Porter beschreven worden als een waardeketen (value chain). Porter onderkent binnen de organisatie een aantal deelprocessen (activiteiten), waarvan sommige primair zijn (zoals logistiek, productie, en dergelijke) en andere secundair (technologieontwikkeling, personeelsbeleid en dergelijke). Deze deelprocessen zijn waardetoevoegend omdat klanten bereid zijn ervoor te betalen wanneer zij het product of de dienst geleverd krijgen. Een onderneming is winstgevend wanneer de waarde die zij creëert hoger is dan de kosten die zij maakt om de waardetoevoegende activiteiten uit te voeren.

De waardeketen toont de totale waarde en bestaat uit waardeactiviteiten en marge. Waardeactiviteiten zijn de technologisch en fysiek onderscheiden processen die een onderneming uitvoert. Zij zijn de bouwstenen waarmee een bedrijf een product creëert dat waardevol is voor zijn klanten. De marge is het verschil tussen de totale waarde en de collectieve kosten voor het uitvoeren van de waardeactiviteiten. Figuur 3.6 toont negen karakteristieke processen binnen de value chain, bestaand uit vijf primaire processen die te maken hebben met productie, marketing, distributie en after sales-serviceverlening van het product en vier secundaire, ondersteunende processen die zorgen dat de primaire processen kunnen worden uitgevoerd.

Beginnend met de generieke keten worden de individuele waardeactiviteiten gedefinieerd. Elke generieke categorie kan worden verdeeld in afzonderlijke activiteiten.
Zo kan marketing en verkoop bij een bepaalde organisatie bijvoorbeeld bestaan uit marketingmanagement, reclame, verkoopadministratie en promotie.

Het definiëren van de relevante waardeactiviteiten vereist dat activiteiten met verschillende technologieën en economische aspecten worden geïsoleerd. Brede functies als productie en marketing moeten worden onderverdeeld in activiteiten. De stroom van producten, orders of papieren kan daarbij van dienst zijn. Het basisprincipe is dat die activiteiten die (1) een verschillend economisch belang hebben, (2) een hoge potentiële invloed over differentiatie hebben of (3) een heel belangrijk of groeiend aandeel van de kosten vertegenwoordigen, geïsoleerd of gescheiden worden.

Alles wat een bedrijf doet, moet in primaire of ondersteunende activiteiten worden vastgelegd. Door de value chain van Porter toe te passen kunnen processen en daarbijbehorende activiteiten van een organisatie worden afgeleid.

Werkwijze 2 (IPO)
Na een inventarisatie van de hoofdprocessen worden deze in samenhang gemodelleerd in een procesmodel, waarbij verschillende technieken gebruikt kunnen worden. Hierbij wordt het 'hoofdprocesmodel' verder gedecomponeerd in subprocessen en worden van deze subprocessen de in- en uitgaande gegevensstromen weergegeven. Dit is de zogenaamde IPO (Input-Proces-Output) techniek. Belangrijk aandachtspunt bij het modelleren is de consistentie van processen en gegevensstromen.

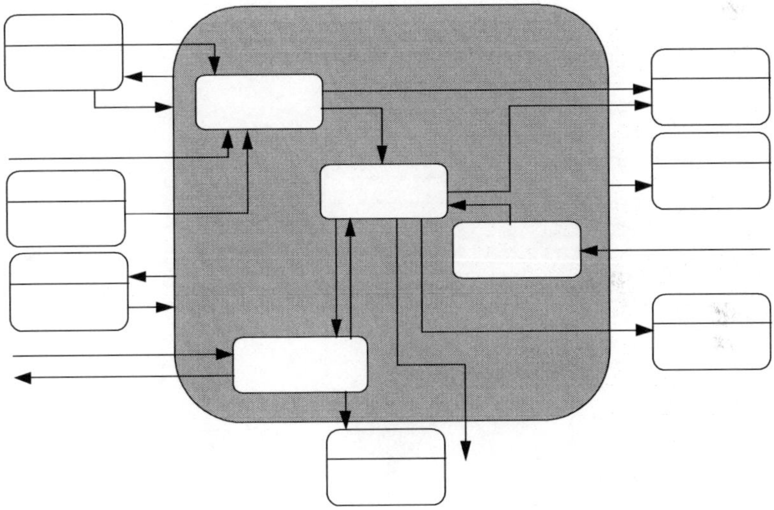

Figuur 3.7 Input-Process-Outputtechniek

Uiteraard worden de processen en subprocessen beschreven, worden activiteiten benoemd en beschreven, wordt de verantwoordelijkheid voor het (sub)proces bij een organisatiedeel (of manager) neergelegd en kunnen bijvoorbeeld ook verbeter- of aandachtspunten worden aangegeven. Belangrijk is het bepalen van de grens van het model, deze wordt mede afgeleid van de in de verkenningsfase bepaalde afbakening van het informatieplan. Afhankelijk van de benodigde diepgang wordt in het procesmodel een aantal hiërarchische niveaus onderkend.

Werkwijze 3 (informatielogistiek)
Van Gerrits komt het concept van de 'informatielogistiek'. Daarin wordt vanuit een logistieke invalshoek gekeken naar informatieverwerkende processen. Logistiek ontwerpen onderscheidt twee belangrijke aspectgebieden: het (statische) ontwerp van het productieproces (bijvoorbeeld: welke machines of functionarissen in welke volgorde?) en het (dynamische) ontwerp van de besturings/ control-structuur (bijvoorbeeld: hoe gaan we om met de beschikbare capaciteit?).

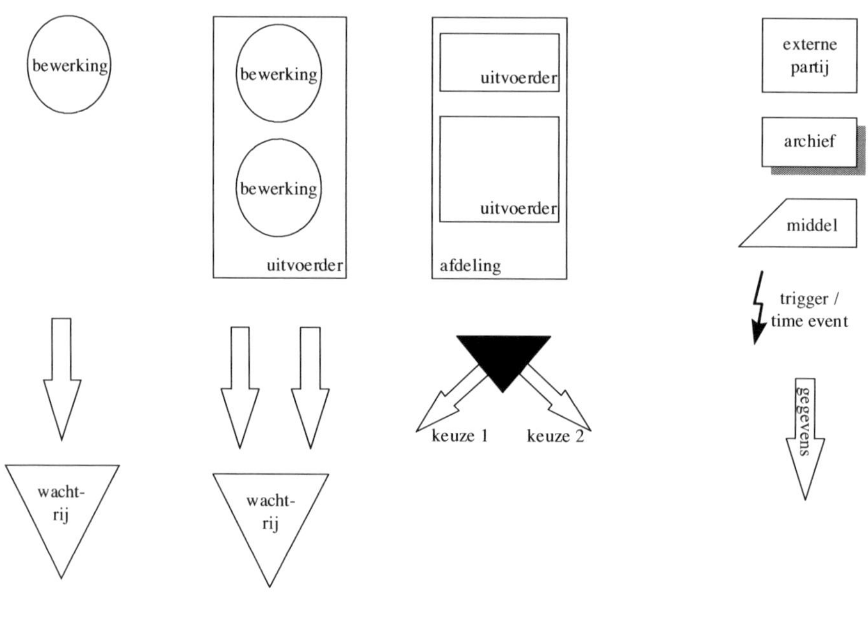

Figuur 3.8 Ontwerp van een productieproces

Om de (statische) inrichtingsaspecten van een bedrijfsproces te ontwerpen heeft Gerrits een logistieke tekenwijze ontwikkeld. In deze tekenwijze komen logistieke componenten zoals afdelingen/ medewerkers, voorraadpunten en gevalsonderscheiding terug. De informatiestroom is niet langer de hoofddeterminant voor de analyse; de activiteiten worden geordend langs de productieactiviteiten die waarde toevoegen aan het product. In figuur 3.8 staan de belangrijkste elementen van genoemde tekenwijze weergegeven.

Het ontwerpproces van de informatielogistiek gaat uit van een 'groene-weidebenadering': na een analyse van het product wordt allereerst een procesontwerp gemaakt met alleen de strikt waardetoevoegende activiteiten; aangenomen wordt (op dit moment in het ontwerp) dat er oneindig veel capaciteit is en dat er geen controles nodig zijn. Zo wordt een gestroomlijnd en theoretisch nulconcept voor een bedrijfsproces ontworpen. Vervolgens wordt het ontwerp realistischer en praktijkgerichter gemaakt. Er worden analyses van de klantvraag (hoe verloopt deze in de tijd wat betreft volume per gevalsonderscheiding), van de benodigde medewerkerskwaliteiten en -kwantiteiten en een risicoanalyse (om de benodigde controles vast te stellen) uitgevoerd. Hiermee wordt het proces verder aangekleed, gebruikmakend van de hierna te behandelen ontwerpmaatregelen.

Belangrijk is het onderscheiden van de volgende ontwerpaspecten van de logistiek van het productieproces:

- een proces bestaat uit verschillende bewerkingen;
- bewerkingen worden uitgevoerd door verschillende werknemers in verschillende organisatie-eenheden;
- tussen bewerkingen kunnen wachtrijen (stapels) voorkomen;
- gegevenstransport is nodig om gegevens van de ene locatie naar de andere locatie te transporteren.

Samen met logistieke theorie leidt dit tot vier componenten van doorlooptijd:

- bewerkingstijd (wachten op verwerking door een medewerker/afdeling);

- wachttijd (wachten op de volgende verwerking/beschikbaarheid van aanvullende gegevens);
- transporttijd (de tijd gemoeid met het transport van de ene naar de andere locatie);
- omsteltijd (de tijd benodigd om machines/informatiesystemen in- of om te stellen).

Besturings-/controlstructuur
Gerrits benoemt een groot aantal maatregelen om de besturings/controlstructuur van een primair productieproces te (her)ontwerpen. Enkele daarvan zijn:

1 Maatregelen om de productietijd te verkorten:
- schrappen van onnodige en historisch gegroeide activiteiten die weinig waarde toevoegen;
- toepassen van gevalsonderscheiding (bijvoorbeeld activiteiten die altijd nodig zijn ten opzichte van activiteiten die alleen in bepaalde gevallen nodig zijn);
- ICT-inzet in plaats van handmatige activiteiten bij de verwerking van informatie;
- schrappen van 'dubbele' activiteiten (deze komen vaak voor in grote organisaties met veel overdrachtspunten);
- schrappen van activiteiten waarvan de output niet gebruikt wordt;
- tijdelijk verlagen van de kwaliteit (bijvoorbeeld het snel uitgeven van een verzekeringsofferte onder de aanname dat de klant de juiste gegevens heeft verstrekt);
- verminderen van de complexiteit door bijvoorbeeld het product op te breken in onderdelen/componenten en bekijken of deze eenvoudiger kunnen worden aangemaakt.

2 Maatregelen om de wachttijd te verminderen:
- spreiden van de vraag om piekbelasting op de productiecapaciteit te voorkomen (bijvoorbeeld door meer gevalsonderscheiding toe te passen);
- (tijdelijk) (in- of extern) uitbesteden of inhuren;

- generaliseren van de productieactiviteiten: samenvoegen van activiteiten bij één persoon of groep zodat het aantal overdrachtspunten wordt geminimaliseerd;
- reduceren van het aantal inspecties of controles.

3 Maatregelen om de transporttijd te verminderen:
- inzetten van ICT (bijvoorbeeld Documentair Informatie Systeem, Electronic Data Interchange), zowel in- als extern;
- het verhogen van het aantal interne postrondes.

Hints voor de uitvoering

- *Een model is niet meer dan een afbeelding van de werkelijkheid. Meerdere modellen zijn mogelijk. Er bestaat dan ook geen 'beste' model. Geloof niet heilig in de modelvorming en zorg ervoor dat het de aandacht niet afleidt van de werkelijke problematiek.*
- *Stem de resultaten van de besturings- en procesanalyse frequent af met het management en de gebruikersorganisatie.*
- *Focus bij het eerste business-informatieplan voor een organisatie vooral op de primaire processen.*
- *De analyses in een business-informatieplantraject kennen een hoger abstractieniveau dan bij systeemontwikkeling en BPR. De processen zullen zich beperken tot de hoofdprocessen.*
- *De decompositie betreft de wijze van het opdelen van een proces in deelprocessen (bijvoorbeeld het proces 'verkopen' opdelen: per productsoort, naar de product-lifecycle of per klantsegment). Kies een decompositie die zo natuurlijk mogelijk aansluit bij de organisatie.*
- *Een aantal criteria waaraan een goed procesmodel moet voldoen:*
  - *de processen hebben zo weinig mogelijk overlap (een feitelijke bedrijfsactiviteit behoort steeds bij slechts een proces);*
  - *het totaal aantal processen per hiërarchisch niveau is beperkt (maximaal zes à zeven);*
  - *de onderkende processen zijn van soortgelijk belang;*
  - *de organisatiestructuur speelt geen directe rol bij een procesanalyse (wie is verantwoordelijk of waar speelt een activiteit zich af).*

• 3.5 •
Technieken voor informatieanalyse

Gegevensanalyse

Doel
In een gegevensanalyse worden, los van enige 'procesview', de voor een organisatie meest belangrijke gegevens (of gegevensgroepen) bepaald, alsmede hun onderlinge relaties.

Werkwijze
Het eerste doel en resultaat van een gegevensanalyse vormt de inventarisatie van de belangrijkste gegevensgroepen. Daarna worden deze in samenhang gemodelleerd in een gegevensmodel (zie figuur 3.10). Hiervoor zijn diverse schematechnieken beschikbaar. Om bij een grote organisatie een dergelijk schema niet te complex te laten worden, kunnen diverse hiërarchische niveaus worden gecreëerd.

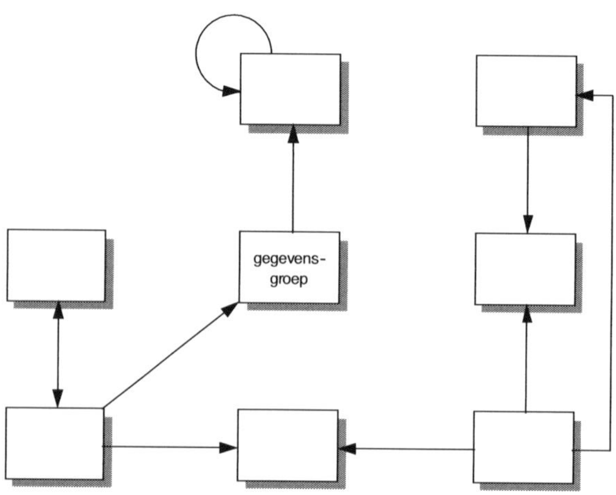

Figuur 3.10 Gegevensmodel

Over een gegevensgroep wil een organisatie gegevens verzamelen, opslaan en verstrekken ten behoeve van de uitvoering van functies, processen en activiteiten (voorbeelden van gegevensgroepen zijn: klanten, leveranciers, artikelen en werknemers). De verschillende soorten producten, productiemiddelen en externe relaties in informatiesystemen zullen daarom vaak terug te vinden zijn als gegevensgroepen. Men wil hier immers informatie over hebben voor de uitvoering van bedrijfsactiviteiten.

ISAC

Doel

ISAC (Information Systems work and Analysis of Changes) is een methodiek die de ontwikkeling van informatiesystemen tot doel heeft met een bijzondere nadruk op het analyseren en ontwerpen ervan.

Werkwijze

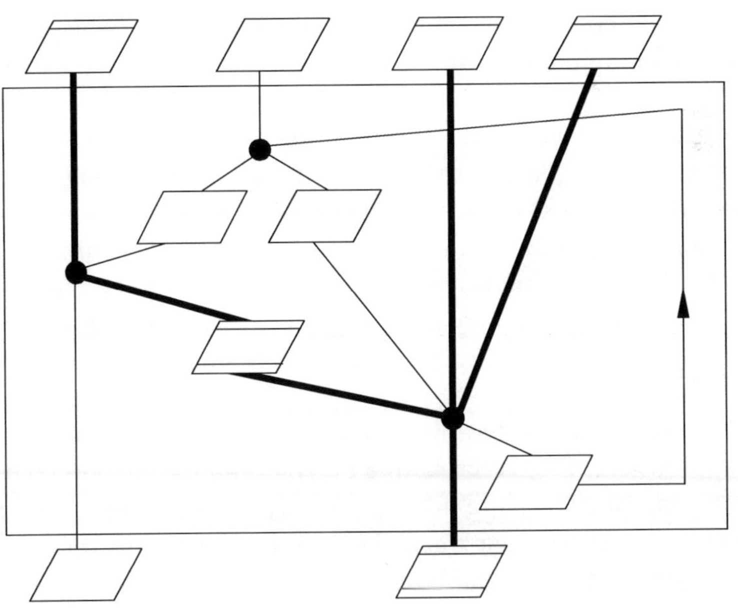

Figuur 3.11 ISAC

Het werk dat voorafgaat aan de ontwikkeling van informatiesystemen wordt bij ISAC de veranderingsanalyse genoemd. Het doel van de veranderingsanalyse is na te gaan welke soorten veranderingen (verbeteringen) nagestreefd moeten worden om de problemen en behoeften die men in de organisatie ondervindt, op te lossen danwel te bevredigen. Na de veranderingsanalyse volgt de ISAC-methodiek een aanpak in twee richtingen: probleemgericht en datagericht. De probleemgerichte aanpak bestaat uit een activiteitenstudie en een informatieanalyse, waarbij het doel van de activiteitenstudie is het afbakenen van toekomstige informatiesystemen binnen de bedrijfsprocessen en het doel van de informatieanalyse is het beschrijven van wat de afgebakende toekomstige informatiesystemen moeten bevatten en doen. De datagerichte aanpak bestaat uit een datasysteemontwerp en een middelenaanpassing. Het datasysteemontwerp heeft ten doel om voor de informatiesystemen, die bij de informatieanalyse beschreven zijn, systeemoplossingen te ontwerpen die onafhankelijk zijn van de te gebruiken middelen. De middelenaanpassing ten slotte heeft ten doel om vast te stellen welke specifieke hulpmiddelen er gebruikt zullen worden en om de daarvan nog onafhankelijke datasysteemmodellen aan te passen aan die keuze.

Bij het uitvoeren van veranderingsanalyse, activiteitenstudie, informatieanalyse, datasysteemontwerp en middelenaanpassing maakt ISAC gebruik van een groot aantal schema's (zoals Activiteitenschema's (A-schema's), Informatieprecedentieschema's (I-schema's), Componentenrelatieschema's (C-schema's) en tabellen. Voor deze schema's is een speciale techniek ontwikkeld. Ook hier geldt dat meerdere hiërarchische niveaus te onderkennen zijn.

ISAC is een al wat oudere methodiek die met name gericht is op systeemontwikkeling. Toch kunnen elementen uit bijvoorbeeld de veranderingsanalyse of de informatieanalyse (met de bijbehorende schema's) goed bruikbaar zijn bij het (meer in detail) uitwerken van proces- of informatiearchitectuur.

Matrix- en clustertechnieken

Doel

Matrixtechnieken zijn behulpzaam bij het inzichtelijk maken van relaties tussen meerdere variabelen. Doelen in het kader van business-informatieplanning zijn:

- een communicatiemiddel tussen betrokken partijen;
- het ontdekken van omissies en inconsistenties tijdens diverse analyses;
- het gebruik ten behoeve van de afbakening van informatiedomeinen.

Werkwijze

Met behulp van een matrix kunnen diverse afzonderlijke analyseresultaten met elkaar in verband worden gebracht. Een aantal zinvolle combinaties:

- Welk proces gebruikt/creëert welke gegevens?
- Welke functionaris/afdeling heeft welke gegevens nodig?
- Wie maakt gebruik van welk (bestaand) informatiesysteem?
- Welk informatiesysteem ondersteunt welk proces?
- Welke producten of diensten worden door welke processen gemaakt/gecreëerd?

Bestudering van dergelijke matrices kan leiden tot de ontdekking van omissies en inconsistenties. Deze kritiekpunten kunnen worden gebruikt bij het oordeel over de huidige en gewenste informatievoorziening.

Een speciale vorm van matrixgebruik is die ten behoeve van de clustering van processen en gegevens(groepen) naar zogenaamde informatiedomeinen (zie figuur 3.12).

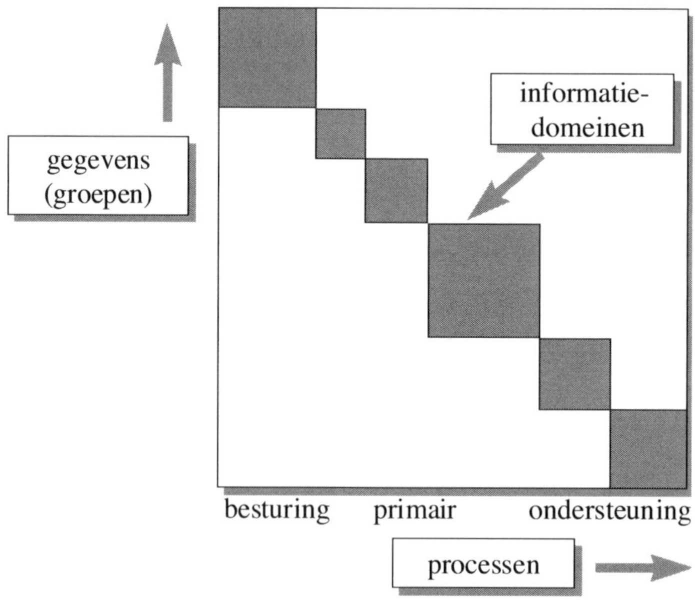

Figuur 3.12 Clustering van gegevens en processen in informatie-domeinen

Van elk proces wordt aangegeven welke gegevens(groepen) het al dan niet creëert en/of gebruikt (vaak C/U-analyse (create/use) genoemd). Vervolgens worden clusteringstechnieken gebruikt om de 'samenhangende gebieden' binnen de matrix te ontdekken. De kolommen en rijen van de matrix worden zodanig gerangschikt dat er gebieden (rechthoeken) ontstaan waarin de betrokkenheid van processen en gegevens(roepen) groter is dan in de rest van de matrix (het zogenaamde 'coupling- en binding-principe'). Door het create/use-kenmerk te gebruiken kunnen clusters samengesteld worden waarin de gegevensuitwisseling binen een domein maximaal is en met de rest van de domeinen minimaal.

Voorbeeld: (deel van een) C/U-matrix van een projectontwikkelaar

Gegevensgebieden

Proces	Subproces	Strategisch plan	Stuur info strategisch	Totaal Budgetten	Externe relaties (m uv leveranciers en kopers)	Contingent Provincie / streekplannen	IRAV grond	Locatiegegevens	Normatieve grondexploitatie	RAV grond
Integrale besturing	Bepalen strategie en beleid	c	[illegible]	u		u				
	Plannen	u	u	c		u				
	Financial control	u	u	u						
	Beslissen	u	u	u			u			u
	Verantwoorden	u	u	u						
Acquireren en beheren relaties	Acquireren	u			c	u		u		
	Relatiebeheer	u			u	u		u		
Uitvoeren lokatie- en investerings-analyse gronden	Opstellen grondverwervingsstrategie	u	u			c	c	u		
	Uitvoeren lokatie-analyse gronden				u	u	u	c		
	Uitvoeren investeringsan. gronden						u	u	c	c
	Uitvoeren van bodemonderzoek						u	u		u
	Opstellen RAV gronden						u	u	u	u

MIS · AS · GVS

proces creëert gegeven

proces gebruikt gegeven

logisch informatiesysteem

interface tussen twee logische informatiesystemen

Hints bij de uitvoering

- *Een model is niet meer dan een afbeelding van de werkelijkheid. Meerdere modellen zijn mogelijk. Er bestaat dan ook geen 'beste' model. Geloof niet heilig in de modelvorming en zorg ervoor dat het de aandacht niet afleidt van de werkelijke problematiek*
- *Stem de resultaten van de informatieanalyse frequent af met de gebruikersorganisatie; koppel het resultaten terug op het management.*
- *In een aantal softwaretools voor methodieken/techniekenondersteuning (CASE-tools of gespecialiseerde tekenpakketten zoals Aris/CaseWise/Protos/Bwise/SDW) zijn gegevensanalyse en matrixtechnieken opgenomen.*

> - *De analyses in een business-informatieplantraject kennen een hoger abstractieniveau dan bij systeemontwikkeling. De gegevensstromen en -verzamelingen zullen samenstellingen van gegevenstypen bevatten.*
> - *C/U-analyse kan een zinvol hulpmiddel zijn bij de onderkenning van informatiedomeinen. Het is echter geen standaard algoritme dat rechtlijnig leidt tot afgebakende domeinen. Bij de afbakening spelen ook de organisatiestructuur en -besturing een belangrijke rol.*

• 3.6 •
Besluitvormingstechnieken

In deze paragraaf worden enkele technieken behandeld die de besluitvorming in business-informatieplanningstrajecten kunnen ondersteunen. Het betreft in de eerste plaats een techniek waarmee complexe besluitvormingsprocessen gestructureerd en helder gemaakt worden. Vervolgens worden twee technieken aangereikt voor de prioriteitstelling van kandidaatprojecten.

Kepner en Tregoe

Doel
Het nemen van een zo rationeel mogelijk groepsbesluit over een probleem waarvoor meerdere oplossingsalternatieven en beslissingscriteria bestaan.

Werkwijze
Eerst worden doelstelling en probleemgebied in kaart gebracht. De mogelijke alternatieve oplossingen van het probleem worden zo concreet mogelijk omschreven. Een lijst met criteria wordt gebruikt om de alternatieven te kunnen vergelijken. Deze criteria dienen discriminerend (onderling onafhankelijk) te zijn. De criteria worden

gewogen (onderlinge prioriteitstoekenning), vervolgens wordt bekeken hoe de oplossingsalternatieven scoren op de criteria. Op deze wijze kan beoordeeld worden of een van de oplossingen een significante voorkeur verdient. Ten slotte vindt het keuzeproces plaats voor een van de oplossingen.

Projectenportfolio

Doel
Het toekennen van prioriteiten aan geformuleerde kandidaatprojecten.

Werkwijze
De kandidaatprojecten worden door het management 'gewogen' naar de volgende twee dimensies:

- de *waarde*: de bijdrage aan missie, doelen en strategie van de organisatie;
- het *risico*: de relatieve complexiteit en omvang van het project (ontwikkelingskosten, doorlooptijd, benodigde kennis en capaciteiten, gebruik van nieuwe technologieën, 'rijpheid' van de organisatie, aantal verschillende belangengroepen, enzovoort).

De projecten worden vervolgens door het management in de volgende groepen ingedeeld:

- groep A: relatief grote waarde, relatief gering risico;
- groep B: relatief grote waarde, relatief groot risico;
- groep C: relatief geringe waarde, relatief gering risico;
- groep D: relatief geringe waarde, relatief groot risico.

Ten aanzien van projecten uit de diverse groepen kunnen verschillende strategieën gevolgd worden (zie figuur 3.13).

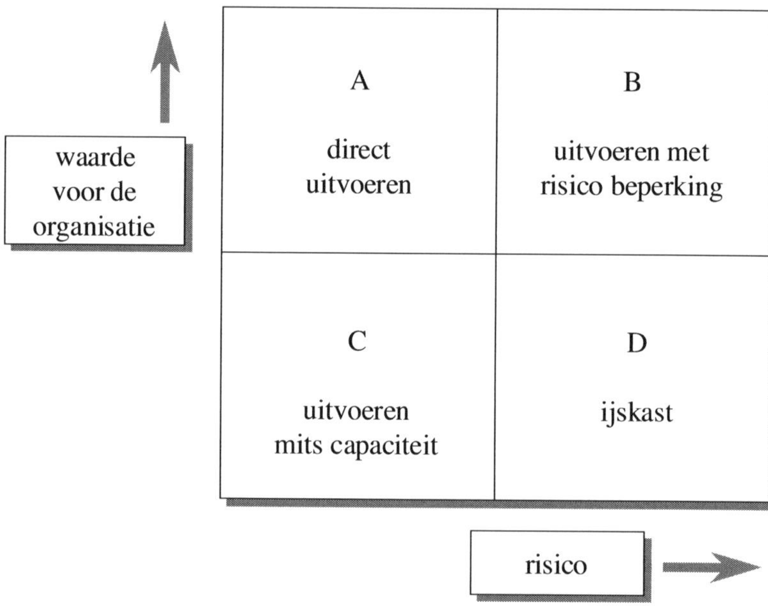

Figuur 3.13 Projectenportfolio

Projecten die in kwadrant A vallen, moeten direct worden uitgevoerd. Deze projecten hebben immers een beperkt risico en dragen in hoge mate bij aan het bereiken van de doelstellingen van de organisatie.

Voor projecten in kwadrant D geldt het tegenovergestelde: veel risico en weinig waarde voor de organisatie. Daarom worden dergelijke projecten vaak (voor langere tijd) in 'de ijskast' gezet of wordt direct besloten om deze projecten af te voeren.

Projecten in kwadrant B dragen in hoge mate bij aan het bereiken van de doelstellingen van de organisatie maar hebben tevens een hoog risico. Belangrijk is dus om naar manieren te zoeken om de risico's te beperken. Voorbeelden van dergelijke risicobeperkende maatregelen zijn technisch 'downgraden', het gebruikmaken van 'proven technology' of het inrichten van een proeftuin (wanneer het gaat om het terugdringen van de technische risico's), het instellen van cultuurmanagement of concrete veranderprogramma's (wanneer het gaat om organisatorische risico's) of het instellen van deelprojecten (wanneer de omvang van het project de belangrijkste risicofactor vormt). Door het instellen van dergelijke maatregelen verschuift een project naar links in de matrix en komt in (de richting van) kwadrant A terecht.

Tot slot geldt voor projecten in kwadrant C dat ze kunnen worden uitgevoerd, mits er voldoende capaciteit (in termen van geld en medewerkers) aanwezig is.

Ontwikkelplateaubenadering

Doel
Als aanvulling op de matrixanalyse zoals behandeld in de vorige paragraaf kan bij grote hoeveelheden projecten een aanvullende, zogenaamde 'ontwikkelplateaubenadering' van nut zijn. Uitgangspunt hiervan is dat op basis van de analyses in het business- en informatieplantraject met het management wordt nagegaan in hoeverre de businessambitie in de komende jaren kan worden geclusterd tot een aantal prestatieniveaus.

Werkwijze
Van belang is dat per ontwikkelplateau meerdere 'lagen' inhoudelijk worden beschreven. Elke laag geeft de ambitie en bijbehorende activiteiten weer om deze te bereiken. Zo kan per plateau een indeling worden gemaakt naar bijvoorbeeld de lagen:

- businessstrategie (bijvoorbeeld welke KSF-en zijn in dit plateau het meest van belang?);
- bedrijfsvoering (welke bedrijfsprocessen worden in dit plateau met name verbeterd?);
- ICT (welke delen van ICT-architectuur en -infrastructuur worden in dit plateau aangepast?).

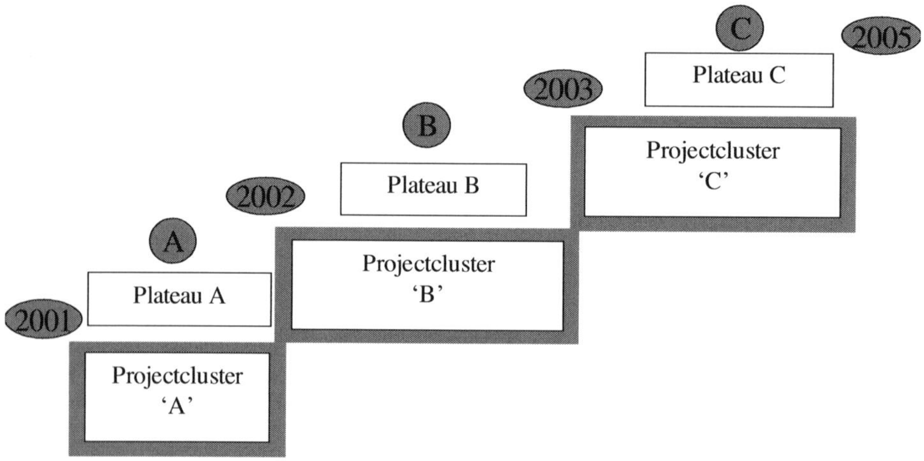

Figuur 3.13 Ontwikkelplateaus

Op basis van deze inhoudelijke aanduiding van een plateau (te voorzien van een pakkende en goed communiceerbare plateaunaam) kunnen vervolgens alle kandidaatprojecten worden verdeeld over de plateaus.

Vervolgens kan per plateau voor de zich daarin bevindende kandidaatprojecten de portfolioscoringsmethodiek uit de vorige paragraaf worden toegepast.

Uiteraard kan op basis van geschatte en beschikbare resources een verdere verfijning van de projectenverdeling over de plateaus worden vastgesteld. Tevens kunnen niveaus op basis van businessargumenten overlappen (dakpansgewijze benadering) of grotere projectenprogramma's (in duidelijke faseringen) over meerdere plateaus worden verdeeld. Dit dient te ontstaan in een discussie met het lijnmanagement.

De ontwikkelplateaubenadering leent zich ook uitstekend om een aanzet te geven tot het onderkennen van samenhangende projectenprogramma's per plateau. Elk programma kan worden toegewezen aan de specifieke inhoudelijk beschreven strategische businesstargets en aan specifieke lijnmanagers die ervoor eindverantwoordelijk zijn. Op deze wijze kan het programmamanagement een gestructureerde start maken.

Hints bij de uitvoering

- *Criteria bij Kepner en Tregoe kunnen worden verdeeld in eisen en wensen. Aan eisen moet altijd voldaan worden. Alleen aan de wenscriteria worden gewichten toegekend.*
- *Het is zinvol om de oplossingsalternatieven ook te evalueren op risico's in de implementatiefase.*
- *Een Kepner en Tregoe-sessie kan al snel een schijnnauwkeurigheid of schijnzekerheid oproepen. Het blijft zaak om het uiteindelijke alternatief zoveel mogelijk unaniem te verkiezen. De Kepner en Tregoe-sessie ondersteunt dan het objectiveren van de discussie en het consolideren van dit groepsbesluitvormingsproces.*
- *Inschatting van omvang en complexiteit van een project kan door de projectgroep gedaan worden, de weging moet altijd door het management geschieden.*
- *Laat de weging eerst door de managers individueel uitvoeren; concentreer de discussie in het managementteam op de projecten met grote verschillen in weging.*
- *De projectenportfolio is een sterk vereenvoudigde weergave van het vakgebied 'Information Economics'. Voor uitgebreidere behandeling wordt verwezen naar de literatuur.*

• 3.7 •
Communicatietechnieken

In deze paragraaf worden de werkvormen groepsoverleg, workshops, interviewen en enquêteren behandeld. De technieken hebben alle als doel het verzamelen en uitwisselen van de noodzakelijke informatie in business-informatieplantrajecten.

Groepsoverleg

Doel
Verschillende doelen voor groepsoverleg zijn mogelijk: voortgangsmelding, uitwisseling van meningen, beeldvorming, oordeelsvorming of besluitvorming.

Werkwijze
Stel een vergaderdoel, agenda en procedures vast en valideer deze achteraf. Zorg voor een voorzitter en notulist met duidelijke rollen. Door het grote veelvoud aan onderwerpen en de vele spelers in het spel kan een vergadering al snel niet-effectief worden. Gebruik de project- en stuurgroepvergaderingen dan ook bewust voor de belangrijkste hieraan te stellen doelen. Maak een actiepunten- en besluitenlijst die als checklists fungeren.

Workshop

Doel
Met een (multidisciplinaire) groep, afgezonderd van de dagelijkse gang van zaken, op een dynamische manier nadenken, discussiëren over een van tevoren gedefinieerd onderwerp.

Werkwijze
Een workshop is een inspirerende werkvorm die bijzonder breed toepasbaar is. Essentieel voor het slagen van een workshop is een gedegen voorbereiding door zowel de leiding als de deelnemers.

Het onderwerp, werkveld en doel moeten van tevoren bepaald en bekend zijn om optimale effectiviteit te bereiken. Een workshop moet meer zijn dan een gewone vergadering. De keuze van de locatie en afwisselende werkvormen tijdens de workshop kunnen hiertoe bijdragen. Mogelijke werkvormen zijn het plaatsen van de deelnemers in verschillende rollen, het afwisselen van plenaire sessies met opdrachten in subgroepen, het communiceren in zowel woorden als met beelden, het afwisselen van discussies met presentaties, serieuze en speelse momenten inplannen, het introduceren van spelvarianten.

Belangrijk tijdens de workshop is dat het proces begeleid wordt door een 'moderator' die niet deelneemt aan de inhoudelijke discussies. Deze procesbegeleider moet continu het proces monitoren op voortgang en planning en ingrijpen op momenten dat discussies 'vastlopen' of conflicten of onduidelijkheden ontstaan.

De zaken die tijdens de workshop besloten zijn (afspraken, uitgangspunten, aannames) dienen vastgelegd te worden. Dit kan door verslaglegging achteraf, maar bij voorkeur ook tijdens de workshop door deze punten op een voor iedereen zichtbare plaats op te schrijven zodat daar op ieder moment op teruggegrepen kan worden.

De fase na de workshop wordt nogal eens onderschat, gemaakte afspraken verwateren gemakkelijk omdat de deelnemers weer teruggekeerd zijn in de praktijk van alledag. Toedeling van taken, het formuleren van projecten, monitoren en begeleiden van gemaakte afspraken is daarom essentieel.

Hoewel een workshop breed toepasbaar is, is zij geen wondermiddel. Ze is minder geschikt voor het behandelen van puur inhoudelijke onderwerpen of in gevallen dat persoonlijke en organisatorische tegenstellingen groot zijn waardoor de kans bestaat dat zaken escaleren. In de situatie dat er weinig ruimte is om keuzen te maken zal een workshop weinig toegevoegde waarde leveren.

Interviewen

Doel
Een interview is bedoeld om in een persoonlijk gesprek gerichte informatie van een te ondervragen persoon te verzamelen.

Werkwijze
Het resultaat van een interview hangt sterk af van de geïnvesteerde voorbereidingstijd van de interviewer en geïnterviewde. Vooraf worden doel en belangrijkste gespreksonderwerpen (of zelfs standaardvragenlijst) vastgesteld. Indien gewenst kan deze informatie ook naar de te ondervragen persoon worden verzonden. Tijdens het gesprek worden door de interviewer de belangrijkste accenten gelegd en sturing verricht (samenvatten, op één lijn houden, diepgang en onderwerpen bewaken). Bij de afsluiting van het interview worden duidelijke afspraken gemaakt over de wijze waarop de informatie verwerkt zal worden.

Enquêteren

Doel
Het op gestructureerde wijze verzamelen van gegevens bij een groep personen, om hieruit informatie af te leiden met betrekking tot bepaalde onderwerpen.

Werkwijze
Allereerst worden het doel, de doelgroep en de vraagstellingen die men wil voorleggen bepaald. Daarna kunnen het aantal en de namen van te ondervragen personen worden vastgesteld, waarna een vragenlijst kan worden samengesteld. Na het verzenden worden de (teruggezonden) enquêteformulieren verwerkt en worden conclusies afgeleid.
Binnen business-informatieplanning kan de enquêtevorm toegepast worden binnen de diverse analyses. Door de organisatieomvang en beperkte projectcapaciteit kan eenieder niet altijd afzonderlijk geïnterviewd worden. Een enquête kan dan een aanvulling vormen.

Hints bij de uitvoering

- *De aanbevolen vergaderfrequentie voor de projectgroep is één keer per week en voor de stuurgroep één keer per maand.*
- *Vergader alleen als dit zinvol is; beperk de vergaderduur (maximaal 2 uur) en het aantal deelnemers (maximaal 6).*
- *Maak afspraken met de deelnemers van de vergadering over procedurele zaken als starttijd en pauzes.*
- *Als tijdens vergaderingen zinnen starten met 'ik denk..' of 'naar mijn mening...' verhult dit onzekerheid en voegt de inbreng meestal niets toe. In deze gevallen heeft de vergadering meer aan 'ik weet het niet' of 'dat zoek ik uit'.*
- *Het verschil tussen feiten (objectief en verifieerbaar) en meningen (subjectief) vergt bij interviewen bijzondere aandacht. Als kwalitatieve oordelen worden gevraagd over een onderwerp, is het belangrijk om dit met (interview)resultaten van andere functionarissen te toetsen.*
- *Een interviewer luistert actief naar en stemt continu af met de geïnterviewde. Hulpmiddelen hierbij zijn bijvoorbeeld: oogcontact, samenvatten en dóórvragen.*
- *Interviewen kan bij business-informatieplanning het nevendoel hebben om bekendheid te geven en betrokkenheid te kweken.*
- *Beperk de interviewduur tot maximaal 2 uur, maak anders een vervolgafspraak.*
- *Notuleer het gesprek en maak er een verslag van (stuur dit op verzoek ook toe aan de geïnterviewde).*
- *Licht bij een enquête de ondervraagden in over het belang van hun respons en juiste beantwoording.*

• 3.8 •
Creativiteitstechnieken

Bij het ontwikkelen van een business-informatieplan wordt nagedacht over de toekomst en worden mogelijke alternatieven daarvan gegenereerd. Hierbij kunnen creativiteitsbevorderende werkvormen en technieken (in groeps- of individueel verband) zeer behulpzaam zijn. In deze paragraaf wordt een aantal van deze werkvormen en technieken behandeld: brainstorming, mindmapping, toepassing van metaforen en de Delphi-methode. In het bijzonder zijn de technieken toepasbaar bij de strategische organisatie- en ICT-positionering, het formuleren van beleidsuitgangspunten en bij de afleiding van het (kandidaat) projectenprogramma. De technieken kunnen afhankelijk van de situatie naast en in combinatie met elkaar gebruikt worden.

Brainstormen

Doel
Het in een groep genereren van nieuwe en creatieve invalshoeken, zienswijzen en alternatieven als oplossing voor een specifiek probleem.

Werkwijze
De bijeenkomst wordt, op de vaststelling van het onderwerp/probleem na, niet voorbereid. Tijdens de sessie kan elke deelnemer elke opmerking maken die hem/haar zinvol lijkt. Een van de deelnemers noteert de diverse opmerkingen. Er mag niet gereageerd worden op opmerkingen door aan te geven wat de beperkingen en/of implementatieproblemen van opmerkingen zijn. Wel mag om verduidelijking worden gevraagd. Als alle aspecten door iedereen naar voren zijn gebracht, worden deze geordend en gestructureerd naar samenhang en mogelijke prioriteit. Ten slotte worden de belangrijkste conclusies vastgesteld en acties voor vervolg afgesproken.

Mindmapping

Doel
Individueel snel en overzichtelijk weergeven van mogelijke ideeën of begrippen in hun onderlinge samenhang.

Werkwijze
Bepaal eerst het centrale onderwerp. Noteer dan in willekeurige volgorde alle mogelijke begrippen die met dat onderwerp geassocieerd worden. Gebruik daarbij verbindingslijnen om aan te geven dat er een verband bestaat tussen de begrippen. Met behulp van 'vertakkingen' kunnen detailleringsniveaus worden weergegeven (zoals: verschillende aspecten die bij één begrip horen; verschillende voorbeelden van één begrip). Vermijd echter dat een geforceerde structurering het associatieproces verstoort. Het vergelijken en combineren van reeds opgeschreven woorden leidt daarbij vaak tot nieuwe gedachten en begrippen. Op deze wijze ontstaat trapsgewijs een afbeelding van mogelijke denkpatronen ('mindmap')
Nadat een zo 'rijk' mogelijk schema is ontstaan, wordt gekozen welke combinaties van begrippen het meest relevant zijn. Deze selectie van logisch samenhangende begrippen wordt in het schema gemarkeerd. Zonodig worden aan die selectie nadere details toegevoegd.

Toepassing van metaforen

Doel
Het waarnemen van een 'andere kijk' op een probleemcontext, door het werken met beeldspraakanalogieën.
Werkwijze
Een metafoor is een concrete realisering van de overdracht van begrippen in een context waarin ze normaal niet voorkomen. Bij deze overdracht wordt slechts een bepaald kenmerk van een ding of begrip passend in de vreemde context omgezet, terwijl al het andere verwijderd blijft (bijvoorbeeld 'de manager als spin in het web'). Verschillende basisvormen zijn denkbaar (analogie met begrippen uit bijvoorbeeld de natuur, de eigen persoon of boektitels).

De Delphi-methode

Doel
Het verkrijgen van een eenheid van opvattingen, of een eensluidende opinie van een groep deskundigen met betrekking tot komende ontwikkelingen op een bepaald terrein.

Werkwijze
Iedere deskundige afzonderlijk vult een serie vragenlijsten in en geeft de eigen ideeën schriftelijk weer. De deskundigen hebben geen onderling contact en blijven voor elkaar anoniem. Iedere deskundige krijgt de vragenlijsten en geschriften van ieder ander en herziet zo nodig zijn mening naar aanleiding daarvan. Na een aantal ronden ontstaat meestal een vrij eensluidende opinie. Een bedrijf kan de in deze opvatting geformuleerde standpunten te opzichte van komende ontwikkelingen als de meest waarschijnlijke gang van zaken gebruiken bij de besluitvorming.

Hints bij de uitvoering

- *Zorg bij het toepassen van creativiteitstechnieken voor een beperkte groep met een multidisciplinaire samenstelling (maximaal 10 personen).*
- *Zorg voor een open sfeer zonder beperkingen en implementatieoordelen. Geef geen oordeel over andermans uitspraken en ga zoveel mogelijk door op elkaars ideeën.*
- *Begin met een vrij associatieproces, structureer en selecteer pas op het laatst.*
- *Maak gebruik van een in de techniek getrainde groepsvoorzitter die zelf niet meedoet, maar alleen structureert en stimuleert. Ook een secretaris kan handig zijn.*
- *Een bijzondere vorm van brainstormen is de metaplansessie: het in een groep in beelden zichtbaar maken van nieuwe en creatieve invalshoeken, zienswijzen of alternatieven als oplossing voor een specifiek probleem.*

- *Gebruik bij mindmapping kaders en kleuren om aan te geven wat bij elkaar hoort, markeer de belangrijkste woorden, gebruik pijlen en andere tekens/ symbolen om verbanden aan te geven.*
- *Mindmapping kan ook gebruikt worden als middel om compacte samenvattingen van gesprekken of teksten te maken.*

Bijlage 1 Begrippenlijst business-informatieplanning

Actieprogramma/plan — Zie projectenplan.

AO — Administratieve organisatie: de administratieve organisatie van een bedrijf of project is het geheel van administratieve activiteiten, procedures, standaarden en richtlijnen met bijbehorende hulpmiddelen, technieken en formulieren om de bedrijfsoperaties c.q. het werkveld projectuitvoering goed te laten functioneren: doeltreffend en doelmatig.

Applicatie — Zie toepassing.

Back-office — 'Achterkant' van de organisatie. Die bedrijfsfunctie binnen de organisatie waar processen worden uitgevoerd om producten en/of diensten voort te brengen.

Balanced Score Card — Hulpmiddel bij het opstellen van doelstellingen en kritische succesfactoren van een organisatie.

Bedrijfsproces — Het logische geheel van één of meer gerelateerde functies en hun afhankelijkheden.

Bedrijfsprocesmodel — Een beschrijving van de bedrijfsprocessen, hun onderlinge samenhang en de gegevens die in- of uitvoer van de processen zijn.

Beleidsuitgangspunt — Een uitgangspunt dat dient om over producten/diensten, bedrijfsprocessen, informatiesystemen of ICT-infrastructuur kaders, richtlijnen of randvoorwaarden af te spreken. Een beleidsuitgangspunt is een concrete doorvertaling van de business-strategie in genoemde aspectgebieden van business-informatieplanning.

Besturingsanalyse — Het inzichtelijk maken van de wijze waarop de sa-

	menhang tussen processen bestuurd wordt (wie bestuurt wat en welke besturende maatregelen zijn er?).
Besturingsmodel	Een model waarin, op basis van een besturingsanalyse, de huidige of gewenste situatie van besturing van de organisatie (of een onderdeel ervan) is weergegeven.
Besturingsparadigma	Het besturingsparadigma toont een besturingssituatie waarin een geregeld systeem centraal staat. Dit geregeld systeem heeft een doel en een omgeving, en bestaat uit het bestuurd systeem en het besturend orgaan. Het besturingsparadigma toont voorts de relaties tussen al deze onderdelen.
Besturingssysteem	Software die nodig is om de afzonderlijke delen van een computersysteem samenhangend te laten functioneren en toepassingsprogrammatuur te kunnen gebruiken. Engels: operating system.
BPR	Business Process Redesign: het fundamenteel en radicaal opnieuw ontwerpen van bedrijfsprocessen om daarmee grote verbeteringen (in kosten, kwaliteit, service, snelheid, enzovoort) in de organisatie te behalen.
Bron van een gegeven	Het organisatieonderdeel waarbinnen een bepaald gegeven wordt gecreëerd.
Business-informatieplanning	Business-informatieplanning is een methode om fundamenteel en integraal de strategie en de daaruit voortkomende keuzen op het gebied van producten en diensten, bedrijfsprocessen en informatievoorziening voor een organisatie te bepalen en uit te werken.
Business-informatieplan	Een samenhangend beeld van de gewenste informatievoorziening voor een organisatie (of een specifiek afgebakend deel daarvan) en de wijze waarop de gewenste situatie zou kunnen worden bereikt vanuit de huidige informatievoorziening.
Business-strategie	De doelstellingen (het 'wat') en strategie (het 'hoe') van de onderneming.
C/U-analyse	Analyse op basis van een matrix waarin processen versus objecten zijn weergegeven. Hierbij wordt aangegeven welke processen de objecten creëren (create) en gebruiken (use).

CAD	Computer Aided Design. Een wijze van ontwerpen, waarbij men met behulp van speciale apparatuur en programmatuur constructietekeningen zichtbaar kan maken, kan veranderen en kan opslaan.
CAE	Computer Aided Engineering. Technisch onderzoek, waarbij diverse soorten berekeningen op de met behulp van CAD ontworpen constructies worden uitgevoerd.
CASE(-tools)	Computer Aided Software Engineering. Het toepassen van geautomatiseerde hulpmiddelen voor ontwerp en ontwikkeling van bedrijfsprocessen, organisatiestructuren en informatiesystemen.
Clusteringtechniek	Techniek om, bijvoorbeeld op basis van C/U-analyse, informatiedomeinen te onderscheiden.
Contingency-benadering	Een aanpak waarbij zowel werkwijze, inhoud als resultaat worden bepaald door de karakteristiek van de specifieke situatie.
CRM	Customer Relationship Management: het continu en systematisch aangaan en ontwikkelen van relaties met individuele klanten teneinde wederzijdse voordelen te identificeren en te creëren.
Database	Een op gestructureerde wijze opgeslagen en door verschillende gebruikerstoepassingen te benaderen verzameling gegevens.
Datamining	Het zoeken naar relaties en patronen in grote databases zonder dat die relaties van tevoren gedefinieerd zijn.
Datawarehouse	Gegevenspakhuis: een geïntegreerde verzameling gegevens die onderwerpgericht is gestructureerd. Daardoor kunnen de gegevens voor willekeurige, nog niet gedefinieerde informatiebehoeften worden gebruikt.
DBMS	DataBase Management System. Programmatuur voor het tot stand brengen, organiseren en wijzigen van een database.
DIS	Documentair Informatie Systeem. Een informatiesysteem, waarbij papieren documenten worden ingescand en beheerd.
Doelstelling	Datgene waarnaar een organisatie streeft, dat een organisatie probeert te bereiken, te verwezenlijken.

Doorlooptijd	De doorlooptijd van een project (of projectactiviteit of projecttaak) is het tijdsverschil tussen de aanvang en het einde daarvan, ongeacht de in die periode bestede tijd.
Eigenaar van een gegeven	Manager die verantwoordelijk is gesteld voor het juist vastleggen van een aangeleverd gegeven in een informatiesysteem.
ERP-systemen	Enterprise Resource Planning: softwarepakketten, vaak standaard, die vrijwel alle bedrijfsprocessen omvatten, vanaf verkoop en inkoop, voorraadbeheer en productieplanning tot expeditie en serviceverlening toe. Ook ondersteunende processen worden ondersteund.
Front-office	'Voorkant' van de organisatie. Die bedrijfsfunctie binnen de organisatie waar processen worden uitgevoerd om markten en klanten te bedienen.
Gedistribueerde database	Een database die opgeslagen is op verschillende computersystemen, maar die voor een gebruiker overkomt als één logische database opgeslagen op één locatie. Elke lokale database wordt bestuurd door zijn eigen databasemanagementsysteem.
Gegeven	Bekend geval of feit.
Gegevensarchitectuur	Een indeling van de gewenste gegevenshuishouding in afzonderlijk te onderzoeken aspectgebieden of aandachtsvelden.
Gegevensbank	Zie database.
Gegevenshuishouding	Aspectsysteem van de organisatie dat gericht is op het verzamelen, vastleggen en verspreiden van gegevens.
Gegevensmanagement	Het besturen van de gegevenshuishouding in een organisatie.
Gegevensmodel	Een beschrijving van gegevenstypen en hun samenhang (gegevensstructuur).
Groupware	Software die de samenwerking tussen groepen mensen faciliteert.
Hardware	Computer(rand)apparatuur.
Hiërarchische database	Een databasevorm waarbij gegevens alleen via vooraf gedefinieerde hiërarchische structuren opgeslagen en benaderd kunnen worden (vergelijk relationele database).
ICT	Informatie en Communicatie Technologie. De verzameling geautomatiseerde hulpmiddelen die toe-

	gepast kunnen worden bij de informatievoorziening in organisaties. Vroeger werden vaak de begrippen IT&T (informatietechnologie en telecommunicatie) of telematica (samentrekking van telecommunicatie en informatica) gebezigd.
ICT-infrastructuur	Zie technische infrastructuur.
Informatie	Een (verzameling van) gegeven(s) die/dat een bepaalde betekenis hebben/heeft.
Informatiearchitectuur	Een model waarin de huidige en gewenste inrichting van de informatievoorziening is beschreven in termen van te onderscheiden informatiesystemen en relaties daartussen.
Informatiebeleid	Een verzameling doelstellingen waarin het management aangeeft wat het met informatie(voorziening) wil bereiken met daarbij uitgangspunten, richtlijnen en vrijheidsgraden die in acht moeten worden genomen bij (de ontwikkeling van) deze informatievoorziening.
Informatiedomein	Een samenstel van bedrijfsprocessen en besturing waartussen de interne samenhang in informatiebehoeften maximaal en de informatie-uitwisseling met de omgeving minimaal is.
Informatiemanagement	Het besturen van de informatievoorziening.
Informatiemodel	Een samenstel van informatiedomeinen, de informatierelaties daartussen en met de omgeving.
Informatiesysteem	Een samenstel van apparatuur, programmatuur en procedures binnen de informatievoorziening, waarmee een of meer functies worden ondersteund.
Informatievoorziening	Een deelsysteem van de organisatie, bestaande uit mensen, middelen en procedures, dat is gericht op voortbrenging, instandhouding en exploitatie van informatiesystemen.
Interface	Het fysieke of logische grensvlak tussen twee systeemonderdelen. Voorbeelden: de verbinding tussen twee computersystemen (machine-machine interface); de presentatie van het computersysteem naar de gebruiker toe (mens-machine interface).
ISAC	Information System work and Analyses of Change. Een procesgerichte ontwerpmethode voor informatiesystemen, die wordt gebruikt om het te ont-

	wikkelen systeem in kaart te brengen en uit te werken.
Kantoorautomatisering	Het geïntegreerd toepassen van standaardpakketten, zoals tekstverwerking, e-mail, desktop publishing (DTP), spreadsheets, agendabeheer en kaartenbaktoepassingen, ter ondersteuning van kantoortaken.
Kepner en Tregoe-techniek	Een besluitvormingstechniek met als doel het nemen van een rationeel groepsbesluit over een probleem waarvoor meer oplossingsalternatieven en beslissingscriteria bestaan.
Kerncompetenties	Unieke, ondernemingsgebonden kenmerken, die moeilijk te imiteren zijn en die een significante bijdrage moeten hebben voor het leveren van toegevoegde waarde aan de klant.
KSF	Kritische succesfactoren. Factoren van kritisch belang voor het realiseren van de strategie en de concrete doelen en dus bepalend voor het succes van de organisatie.
KSF-analyse	Een analyse waarbij de 'Kritische SuccesFactoren' van een organisatie (onderdeel) worden geïnventariseerd: onderwerpen (bijv. activiteiten of voorwaarden) die van doorslaggevend belang zijn voor het bereiken van een beoogd resultaat.
LAN	Local Area Network. Een netwerk voor de informatie-uitwisseling tussen de aangesloten computers binnen een beperkt geografisch gebied (bijvoorbeeld binnen een kantoorgebouw).
Missie	Een verwoording van de legitimering van het bestaansrecht van een bedrijf(sonderdeel).
Multimedia	De combinatie van beeld, geluid en data in een door de gebruiker te beïnvloeden vorm. Met multimedia wordt ook vaak aangeduid het naar elkaar toe groeien van televisie, computer en telefoon.
Netwerk	Een systeem om computer- en randapparatuur met elkaar te verbinden, teneinde elkaars gegevens en faciliteiten te kunnen gebruiken (zie ook LAN en WAN).
Ontwikkeling	Die bedrijfsfunctie binnen de organisatie waar producten en/of diensten voor – verschillende – markten worden ontwikkeld.
Omgevingsanalyse	Analyse van de externe omgeving van de organi-

	satie, met als doel het inschatten van de rol die ICT kan spelen in het krachtenspel met de omgeving.
Organisatie van de informatievoorziening	Een samenwerkingsverband van mensen en middelen, die activiteiten verrichten om een gewenste situatie van de informatievoorziening te realiseren en in stand te houden.
Planning	Vaststelling van projectopbrengst, activiteiten, geldstroom, bemanning, middelen en informatiestromen in kalendertijd zijn vastgelegd, onder meer in de vorm van mijlpalen. Een planning is dus een tijdschema, een plan van de tijdstippen waarop delen van het project klaar moeten zijn of moeten beginnen.
Planningshorizon	De termijn waarover het actieprogramma uit een business informatieplan wordt ontwikkeld.
Plateauplanning	Het benoemen van een aantal prestatieniveaus (plateaus) in de tijd, waarbij per plateau zaken als ambitie, doelstellingen, projecten en prioriteitstelling worden aangegeven.
Procesanalyse	Het binnen een afgesproken systeemgrens onderzoeken van activiteiten, taken, functies en/of subprocessen in hun onderlinge samenhang. Hierbij worden behalve de processen ook de informatiestromen en -verzamelingen tussen deze processen in kaart gebracht (zie ISAC).
Programma(tuur)	Zie software.
Programmamanagement	Het voortdurend monitoren en bewaken, zowel inhoudelijk (worden de juiste doelen op de juiste wijze nagestreefd) als qua haalbaarheid (doorlooptijd, financiën, capaciteit) van de uitvoering van de in het business-informatieplan beschreven projecten. Programmamanagement zorgt ervoor dat inzicht en overzicht in het groeiend aantal (parallel verlopende) projecten behouden blijft.
Project	Een project is een geheel van activiteiten, uitgevoerd in een tijdelijk samenwerkingsverband en gericht op het bereiken van een welomschreven projectopbrengst binnen bepaalde randvoorwaarden.
Projectenplan	Een overzicht van informatieprojecten met een bijbehorende prioriteitstelling, benodigde middelen en tijds- en capaciteitsplanning.

Projectenportfolio	Een besluitvormingsproces binnen de business-informatieplanning waarbij het management prioriteiten toekent aan (kandidaat)projecten. Op basis van twee groepen van criteria (waarde en risico) worden de projecten daarbij naar rangschikking van bijdrage aan de criteria in categorieën ingedeeld.
Relationele database	Een databasevorm waarbij een flexibele wijze van opvragen en relateren van gegevens mogelijk is (vergelijk hiërarchische database). De gegevens liggen hierbij opgeslagen in de vorm van tabellen; de gebruiker of de programmatuur dient zelf de benodigde verbindingen tussen de gegevens te leggen.
Risico	Onder een risico(factor) verstaan we de kans op het optreden van een bepaald (ongewenst) negatief effect bij (of als gevolg van) een zekere gebeurtenis of activiteit.
Risicomanagement	Risicomanagement is een verzameling technieken voor het identificeren, waarderen, structureren, reduceren en bewaken van risico's.
Semantische database	Een databasevorm waarbij de betekenis en samenhang van de gegevens (de semantiek) ook is vastgelegd, zodat de benodigde verbindingen tussen gegevens door het DBMS gelegd kunnen worden. Ook hier kunnen gegevens op flexibele wijze worden opgevraagd (zie ook relationele database).
Server	Computer met een specifieke taak in een netwerkomgeving. Bijvoorbeeld internetserver, databaseserver, datacomrnunicatieserver, mailserver, applicatie server of CAD-server.
Software	Programmatuur. Programma's, procedures, regels en alle bijbehorende documentatie met betrekking tot de werking van een computersysteem.
Speerpunten	De benodigde veranderingen (aanpassingen van het bestaande of nieuwe ontwikkelingen) in de organisatie en in de informatievoorziening, zoals afgeleid tijdens de business informatieplanning.
Standaardpakket	Algemeen verkrijgbare en direct toepasbare software ten behoeve van een veel voorkomende functie/taak in een organisatie of bedrijfstak.

Strategie	De strategie van een bedrijf wijst de wegen waarlangs en de middelen waarmee de doelstellingen gerealiseerd moeten worden.
Stuurgegevens	Gegevens die, op geaggregeerd niveau, de status van de bedrijfsvoering representeren (naar verschillende aspecten, zoals: financiën, productie, enzovoort).
SWOT-analyse	Strengths, Weaknesses, Opportunities en Threats. Analyse voor het verkrijgen van inzicht in de (interne) sterkten en zwakten en (externe) kansen en bedreigingen van de organisatie.
Technische infrastructuur	Technische hulpmiddelen (bestaande uit hardware, software en datacommunicatienetwerken) om de ontwikkeling en exploitatie van geautomatiseerde informatiesystemen mogelijk te maken.
Toepassing(ssysteem)	Een informatiesysteem ter ondersteuning van een specifieke groep medewerkers/bedrijfsprocessen.
Waardeketen	De weergave van een organisatie als een verzameling bedrijfsprocessen, die waardetoevoegend zijn
WAN	Wide Area Network. Een netwerk voor de verbinding van computers over een groot geografisch gebied (groter dan bijvoorbeeld het eigen kantoorgebouw, zie ook LAN).
WFM	Workflowmanagement: het beheersbaar en inzichtelijk maken en houden van het totale (operationele, ondersteunende en besturende) bedrijfsproces om zo te waarborgen dat een kwalitatief goede uitvoering van de processen met optimale inzet van de beschikbare middelen plaatsvindt.
WMS	Workflow Management Systeem: informatiesysteem ter ondersteuning van workflowmanagement.
Workbench	Een verzameling geautomatiseerde hulpmiddelen bij systeemontwikkeling en/of projectmanagement.

Bijlage 2
Referentie inhoudsopgave business-informatieplan

Hoofdstuk 0 Voorwoord

Voorwoord van de opdrachtgever.

Hoofdstuk 1 Managementsamenvatting

Een korte en krachtige samenvatting van het document, specifiek gericht op het management.

Hoofdstuk 2 Inleiding

Hier worden *aanleidingen* en concrete *doelstellingen* van het business-informatieplan uiteengezet. Er worden duidelijk beargumenteerde keuzen gemaakt ten aanzien van de *afbakening* en *aanpak* van de opdracht (zoals top-down versus bottom-up, de mate van detail, organisatorische afbakening en de planningshorizon). Voorts is een toelichting opgenomen over de *projectverantwoording* (projectorganisatie, fasering, gevolgde werkwijze).

Hoofdstuk 3 De business-strategie

Het business-informatieplan zal een visie van het management op de koers van de organisatie bevatten. Enerzijds als vertrekpunt voor het traject van business-informatieplanning, anderzijds als toetsingskader voor het te ontwikkelen implementatieplan en programmamanagement. Mogelijke onderwerpen zijn de *missie* (waarom), *doelen* (wat) *en strategie* (hoe) van de organisatie, *in- en externe ontwikkelingen, sterkten/zwakten en kansen/bedreigingen, kerncompetenties en kritische succesfactoren.*

Hoofdstuk 4 Beleidsuitgangspunten

In dit hoofdstuk zijn *doelstellingen, uitgangspunten, kaders en randvoorwaarden* voor de (ontwikkeling van de) bedrijfsvoering en informatievoorziening beschreven. Relevante onderwerpen zijn bijvoorbeeld centralisatie versus decentralisatie, het spanningsveld tussen synergie en autonomie, organisatorische en sociale aspecten en de migratiestrategie. Tevens zijn beleidsuitgangspunten geformuleerd voor de vier onderwerpen van business-informatieplanning: producten/diensten, bedrijfsprocessen, informatiesystemen en informatie-infrastructuur.

Hoofdstuk 5 Blauwdruk producten/diensten
In de *productportfolio* is aangegeven welke producten/diensten aangeboden worden aan welke marktpartijen. Tevens is beschreven het totaal aan *eigenschappen* van de producten/diensten, zoals de functie, prijsstelling, distributie, marketing communicatie, kwaliteit en service, zodanig dat deze optimaal afgestemd zijn op de behoeften in de markt.

Hoofdstuk 6 Blauwdruk bedrijfsprocessen
In het *bedrijfsprocesmodel* zijn de ketens van activiteiten beschreven die nodig zijn om de marktproposities te ontwikkelen, voort te brengen, aan te bieden, te distribueren en te voorzien van nazorg. Aangegeven zijn de *onderlinge samenhang en de relaties met de omgeving* (input/output). Beschreven is op welke wijze de processen *bestuurd* worden en welke *prestatiecriteria* hierbij relevant zijn. Tevens is de relatie met de *organisatie-inrichting* gelegd: wie voert welke processen uit en wie is verantwoordelijk.

Hoofdstuk 7 Blauwdruk informatiesystemen
Een belangrijke kapstok van het business-informatieplan is het zogenaamde *informatiemodel:* een opdeling van de organisatie in relatief autonome *informatiedomeinen*. Basis hiervoor is de analyse van bedrijfsprocessen en besturing uit hoofdstuk 6. De afbakening vindt plaats door de analyse welke gegevens nodig zijn voor het uitvoeren en besturen van de processen. Met behulp van het informatiemodel worden *verantwoordelijkheden* voor informatiesystemen (applicaties en gegevens) verdeeld over managementposities.

Op basis van *knelpunten* in de bestaande informatiesystemen, nieuwe *informatiebehoeften* en nieuwe mogelijkheden van informatietechnologie worden voorstellen gedaan voor de gewenste situatie.

Hoofdstuk 8 Blauwdruk informatie-infrastructuur
De informatie-infrastructuur wordt gevormd door alle *gemeenschappelijke technische en organisatorische voorzieningen*, die nodig zijn voor het ontwikkelen, beheren en onderhouden van informatiesystemen. Op basis van de behoeften van de organisatie, technologische ontwikkelingen in de markt en de bestaande voorzieningen is een *concept voor de technische infrastructuur* beschreven (zoals databases, standaardsoftware, netwerken en hardware). Voorts kunnen alternatieve invullingen voor het concept worden gegeven en beoordeeld.

Hoofdstuk 9 Projectenoverzicht
De blauwdrukken uit de voorgaande hoofdstukken zijn geconfronteerd met de bestaande bedrijfsvoering en informatievoorziening en vervolgens uitgewerkt in *potentiële speerpunten*. De speerpunten zijn helder omschreven en afgebakend en eventueel geclusterd tot *kandidaat projecten*. Op basis van een analyse van de *waarden* (belang voor de organisatie) en *risico's* (organisatorische en technische complexiteit) van de kandidaat projecten worden *prioriteiten* gesteld. Al lopende projecten worden ingepast in het *projectenoverzicht*.

Hoofdstuk 10 Programmasturing
Het business-informatieplan is pas gereed als duidelijk aangegeven is op welke wijze het management de onderkende projecten denkt uit te voeren. Resultaat is een gedetailleerd *projectplan* met *start- en einddata*, *begrotingen* en *inzet van materie- en informatiedeskundigen*. Tevens zijn *procedures* voor de planning en control van projecten beschreven (verantwoording, coördinatie, kwaliteitszorg).

Hoofdstuk 11 Conclusies en aanbevelingen

Het business-informatieplan wordt afgesloten met een samenvattend overzicht van de belangrijkste resultaten en de aanbevelingen uit de programmasturing, sociale en organisatorische consequenties en voorstellen betreffende het onderhoud van het bedrijfs informatieplan.

Bijlage 3
Tien vragen voor de beoordeling van een business-informatieplan

1. Levert het business-informatieplan een daadwerkelijke bijdrage aan de missie en doelen van de organisatie? Is voldoende rekening gehouden met verwachte in- en externe ontwikkelingen?

2. Zijn de drie elementaire bedrijfsfuncties 'ontwikkeling', 'voorkant' en 'achterkant' van de organisatie in kaart gebracht en is duidelijk welke projecten een bijdrage leveren aan (de verbetering van) deze bedrijfsfuncties?

3. Zijn er bewuste keuzen gemaakt bij de afbakening van het business-informatieplan (planningshorizon, betrokken bedrijfsonderdelen, relevante processen)?

4. Zijn de opgestelde architecturen voldoende om in het vervolg (bijvoorbeeld tijdens de uitvoering van een project) verdere uitwerkingen op te baseren?

5. Herkent het management de processen en het besturingsmodel in de ontwerpen van de gewenste informatievoorziening?

6. Is de inventarisatie van eisen, wensen en bestaande knelpunten volledig en duidelijk genoeg?

7. Komt de samenhang tussen strategie, producten/diensten, bedrijfsprocessen en informatievoorziening duidelijk in het business-informatieplan terug?

8. Zijn de projectvoorstellen van dien aard dat het management gefundeerde prioriteiten kan stellen (belang voor de organisatie, risicofactoren, kosten/baten)? Is het migratiepad duidelijk, uitvoerbaar en realistisch?

9. Zijn de kosten/baten en investeringsvoorstellen realistisch?

10. Is de gebruikersorganisatie in staat met de voorgestelde veranderingen mee te gaan? Zijn de inbreng van het management en de participatie van gebruikers voldoende gewaarborgd? Kan door betrokken partijen voldoende tijd vrijgemaakt worden?

Bijlage 4
Literatuurlijst

Bemelmans, T.M.A. (1988), *Bestuurlijke informatiesystemen en automatisering*, Stenfert Kroese, Leiden/Antwerpen.

Beijen, Marc en Broos, Eric en Herbrink, Jan (1994), *Informatieplanning en control, een praktische leidraad*, Kluwer Bedrijfsinformatie, Deventer.

Bijvoet (1989) 'Op zoek naar uw kritische succesfactoren', *Tijdschrift voor Financieel Management (TFM)*, nr. 5.

Dorrestijn N. en Svantesson I. (1990), *Mindmapping in de praktijk*, Van Loghum Slaterus, Deventer.

Earl, Michael J. (1995), *Managementstrategieën en informatietechnologie*, 2e druk, Academic Service, Schoonhoven.

Emans B. (1990), *Interviewen: theorie, techniek en training*, Wolters-Noordhoff, Groningen.

Gerrits, J.W.M. (1995), *Towards information logistics: an exploratory study of logistics in information production*, proefschrift VU Amsterdam.

Hamel, Gary en Prahalad, C.K. (1994), *Competing for the future*, Harvard Business School Press, Boston.

Hammer, M. en Stanton, S. (1995), *Het reengineering handboek: het vervolg op De bijl aan de wortel*, Contact, Amsterdam.

Kaplan, Robert S. en Norton, David P. (1996), *The balanced scorecard: translating strategy into action*, Harvard Business School Press, Boston.

Kepner, C.H. en Tregoe, B.B. (1981), *The new rational manager*, Princeton Research Press.

Kotler, Philip (1994), *Marketing Management: analyses, planning and control*, 8th edition, Prentice Hall International, London.

Leeuw, A.C.J. de (1986), *Organisaties: management, analyse, ontwerp en verandering*, Van Gorcum, Assen.

Lundeberg, M., Goldkuhl, G. en Nilsson, A. (1989), *De ISAC-methodiek*, 2e druk, Samsom Uitgeverij, Alphen aan den Rijn/Brussel.

Mintzberg, Henry, Ahlstrand, Bruce en Lampel, Joseph (1999), *Op strategie-safari: een rondleiding door de wildernis van strategisch management*, Scriptum, Schiedam.

Morgan (1986), *Images of Organizations*, Sage Publications Inc., Beverly Hills, California.

Nolan, R.L. (1987), 'Managing the crisis in dataprocessing', *Harvard Business Review*, maart/april.

Parker, Marilyn M. en Benson, Robert J. (1988), *Information Economics: linking business performance to information technology*, Prentice Hall, Englewood Cliffs NJ.

Porter, Michael (1981), *Competitive strategy, techniques for analyzing industries and competitors*, Collier Macmillan, London.

Porter, Michael (1985), *Competitive advantage, creating and sustaining superior performance*, Collier Macmillan, London.

Rockart, J.F. (1979), 'Chief Executives define their own data needs', *Harvard Business Review*, maart/april.

Sanden, Wim van der en Sturm, Bart (1997), *Informatiearchitectuur, de infrastructurele benadering*, Panfox Holding, Rosmalen.

Spruijt, Aad (1998), 'Turbulentie bepaalt keuze strategisch concept', *Holland Management Review*, nr. 58, p. 14 - 24.

Swede, van (1992), *Technieken voor informatievoorziening*, Cap Gemini Publishing, Rijswijk.

Theeuwes, J.A.M. (1987), *Informatieplanning*, Kluwer, Deventer.

Vanosmael, P. en De Bruyn, R. (1991), *Handboek voor creatief denken*, De Nederlandsche Boekhandel, Amsterdam.

Verduin, Ruud (1999), *Customer Relationship Management, een inleiding*, Samsom, Deventer.

Wijnen, Renes en Strom (1996), *Projectmatig werken*, Het Spectrum, Utrecht.

Zijp, W.J. van en Pol, J.J.M. van der (1992), *Projectmanagement: modellen uit de praktijk*, Cap Gemini Publishing, Rijswijk.

Dankwoord

Bij de totstandkoming van dit boek willen wij graag bedanken:

- onze partners (Jolande, Irene en Carla), die geduld met ons hebben gehad en ons zelfs regelmatig inspireerden op momenten dat wij niet meer vooruitkwamen;
- onze cliëntenorganisaties, die ons in de gelegenheid hebben gesteld om onze kennis en ervaring in complexe vraagstukken in te zetten en daarmee onze eigen leercyclus hebben helpen invullen;
- alle Novius-collegae, die gewend zijn nieuwe concepten en methoden pas te accepteren als ze bevredigende antwoorden krijgen op hun kritische vragen;
- Jan Herbrink, omdat hij als co-auteur van het boek *Informatieplanning en control, een praktische leidraad* indirect een belangrijke bijdrage heeft geleverd.

Register